へんろみち

お四国遍路だより

あいちあきら

編集工房ノア

へんろみち　お四国遍路だより

はじめに

　ぼくはコピーライターという広告の文案をつくる仕事をしてきた。二十歳代の半ば頃に始めて、今日までつづけた。五十歳で広告代理店を退職。その後すぐに銀座に個人事務所を開設し仕事を続けた。吹けば飛ぶような事業所だった。

　平成二十年（二〇〇九年）秋、突如リーマン・ショックの来襲。わが事業所はたちまちふっ飛ばされた。穏やかではなかった。いろいろ抗ったが事務所は閉めざるを得なかった。

「もういいのではないか」と、どこかで声がした。還暦を迎えたことと、十年間事務所を維持できたこと、それだけで良しとすべきだろう。その声に、わだかまりが消え、せいせいした気持ちに変わった。

「今だ、四国へんろへ行け」また声がした。チャンス到来。この機会を逃したら人生に大きな悔いを残すことになる。ぼくは迷わず腹を決めていた。

女房の反対には、ただちに手を打った。B全ポスターの裏側に大きな四国の地図を描き、そこに札所一番から八十八番まで寺の位置を記し、それを部屋の壁に貼った。そして今何処を歩いているかをケータイで知らせるから赤のマーカーでその行程を記してほしいと頼み、うまく切り抜けた。

平成二十一年（二〇一〇年）五月十二日、徳島県鳴門市第一番霊山寺を出発。六月三十日、香川県さぬき市第八十八番大窪寺に到着。その後、高野山へお参りの報告に。ふり返れば想像をはるかにこえる厳しい道のり。これはお四国八十八カ所巡礼、四十九日間の歩きへんろの記録です。

装幀　栗津謙太郎

目次

へんろみち

お四国遍路だより

その一

まる刈りに四国三郎のいさみ風

二〇〇九年九月のリーマン・ショック。ニューヨークで起きた経済破綻など、ぼくの小さな事務所に何の関係もないやと気にもかけずにいた。ところがその翌年、年明けから仕事が立てつづけに保留になり、やがて中止になった。あてにしていた銀行からの融資も、いっせいにドアを閉ざしてしまった。「なんでもご相談にのりますよ」と、愛想のよかった担当の若い行員がいた。度々ぼくの事務所に顔をみせては景気のいい話をしていたが、電話をしても応答なし。こちらから出向いて行くと、ぼくが来たことにとっくに気がついているのに、青ざめ顔面曇らせたまま見向きもしない。いやがらせに名前を呼ぶと、すーと奥に姿をくらました。これが貸し渋り、世間の風の冷たさというものだった。

フリーのコピーライター稼業は独立開業して十年。いよいよ追い込まれ、わが事務所はあっけなく幕引きとなったのであります。

さても千載一遇の好機到来。立つ鳥跡を濁さずのことわざあり、借金を返済し事業を整理し未練を断ち切り、お四国へんろ歩きに出発することとなりました。

朝七時、大阪ナンバから高速バスで明石海峡大橋を渡り鳴門西の停留所で下車。第一番札所霊山寺《りょうぜんじ》門前でへんろグッズを買いそろえ着替えをすると、ハイ、おへんろさんの出来上がり。鈴の付いた金剛杖、白衣、すげ笠、経本、納経帳、納め札、線香とロウソク、さんや袋とよばれる小型のバッグを購入。

金剛杖は弘法大師の化身。杖の上部に「南無大師遍照金剛」、「同行二人《どうぎょうににん》」が印字されている。大事に扱わねば。しめて一万五千円也。他にガイドブックと地図帳とコンパス、ケータイとデジカメ、財布をさんや袋に入れる。

靴ひもをキリリと締め直しリュックを背負い、いざ霊山寺から二番極楽寺に向けて歩きはじめる。田んぼの中に続くまっすぐな道。遠くで水田を耕す耕耘機の音。ヴォー、ヴォーとガマガエルの鳴き声。懐かしい田の臭い。五月の晴れた空、吹きぬける風の音。これらがへんろみちであることを示す道しるべでありました。

目指すはお四国八十八カ所通し打ち。勢いよく歩きはじめたが、いくらも歩いていないのに早くも足に痛みが。田んぼのあぜ道、右足の踵に突然ピーと電気が走る。イタタタ、思わず立ち止まる。ほんとうに行く気なのか、今なら引き返せるぞ。そんなことができるか。いくじなしで、ずぼらで、ちょっと頑固。ぼくの中のいろんな奴らが騒ぎたてる。

二番極楽寺まで一時間かけてようやく到着。

ここで風変わりなおへんろさんに出会う。山門を入った所にへんろの団体さんの人だかりあり。その中に乳母車に荷物をいっぱい載せて押して歩いているおへんろさんがいる。白衣も股引もすり切れてそうとうにくたびれている。坊主頭の痩せたへんろだ。取りまきの人の話では、この方はえらい方で、一周するだけでも難儀な四国八十八カ所を、なんと百二十周回っておられるというのだ。百二十周といえば一周約一二五〇キロとして地球を何周になるのだ。休みなく歩きつづけるとして何年かかるというのだ。真偽のほどはともかく、仮にほんとうだとしたら途方もない人だ。

ぼくはなぜなのか尋ねてみたくなって、その人だかりに近づき声をかけてみた。

「長く歩いておられるのですね」

するとそのおへんろがぼくのことを見て、こうだ。

「他人のことなど、どうでもええから…、よけいなことを考えずに、黙って歩いていけばいいのだ」

「うるせえ!」とまでは言わなかったが、虫の居所が悪かったのかそんな調子でぼくに言ったのだ。たちまちぼくはむかついたが、周りに大勢の人がいる。ことを荒げるのもはばかられ、ぐっとがまんをした。不愉快だった。

納経を済ませ極楽寺を出た。すると山門を出てしばらく行ったところで、また乳母車を押して歩く先ほどのおへんろに会った。

「へんろはたのしいですから、なにも考えず、歩くのをたのしんでください」

そのおへんろはぼくの少し前を歩いていたが、気がついたのかぼくの方を振りむいてそんなふうに言った。先ほどとはちがう落ちついた声だった。しわだらけの日焼けした顔が笑っていた。ぼくはまだむかついていたので軽く会釈をしてその人を追い越していった。不愉快だった気持ちがすーっと消えてなくなった。

へんろの姿をしていなければ、どう見てもホームレスだ。乳母車には、ダンボールや板きれが何枚も積んである、どこにでもすぐに作れるねぐらなのだろう。資金はどうしているのだろう、家族や仕事はどうなっているのだろうか。そもそもなぜ八十八カ所を百二十周も回っているのだ。

その人とはそれきり会うことはなかったが、いやでも応でも印象に残る人だった。

こうして一日目がおわり、第三番金泉寺の近く、「道しるべ」というへんろ宿に泊まった。ほんのわずかだがともかくぼくはへんろみちに踏み出していた。二日目には四番から九番まで、六カ所を打つことができた。膝にがくがくふるえがきたがさして支障はなかった。

札所にお参りすることを「打つ」と呼ばれている。昔のへんろは、小さな木の札に名前や出身地、願いごとを記し、札所のお堂に木釘で札を打ちつけていった。札所を「打つ」と呼ばれているのはその名残だ。

今では、木の札に代わって紙の「納め札」をお堂に置かれた箱に納めていく。ちなみに現在の「納め札」は手のひらサイズの用紙で、札所にて一〇〇枚つづり一冊一〇〇円で入手できる。

三日目の朝、第十番切幡寺から第十一番藤井寺への途中、阿波農業高校近くの理髪店にふとなにげなく立ち寄った。髪が延びて暑くてうっとうしかった。躊躇なく店内に飛び込んだ。老主人と、その息子さんが二人でやっている店。

「おへんろさん、どちらからおいでやろ?」

エプロンをぼくの首に回すと、息子の若い理容師がそう切り出した。

『そうか、おへんろさんとはぼくのことなんだ』

埼玉からですと返事をする。おへんろさんと呼ばれて悪い気はしなかった。

「はあはあ埼玉ですか、それはご苦労様でござります」

横のソファーにすわる老主人がぼくを見上げてそう言う。

「きょうはどないさせてもらいましょう」と若主人。

「まる刈りにしてもらおうかと」と注文した。

「ほうほうまる刈りねえ」

「まる刈りにもいろんなまる刈りがあるのですがいかが致しましょう」

と若主人。

「短からず長からず、ほどほどに」

「はあはあ、長からず短からずほどほど、なるほどなるほど」

若主人の噺家みたいな口調。むしろ気分がほぐれていい。

「そうしますと、うーん」と若主人しばらく考えてから、

「おへんろさん、五分刈りでどないですやろ」

ぼくも「うーん」とうなって、

「七分刈りに出来ますか」とたずねてみた。

「うーん、七分刈りというのはありませんでな、はいはい、ほな、五分刈りよりち

ょい長めにということで」

「そうしてください」

と返事するや否や、ジャージャージャーと心地よいバリカンの音、一瞬にしてまる坊主。

「さて、これでどないです、長からず短からず、ほどほど…」

鏡の中のわが頭、どないですと言われても、どう見てもただのまる刈り。どないもこないもありません。高校一年以来だ。返す言葉もなくオーケイのサイン。

なんだか顔がまる出しになって、照れくさいようなみっともないような。

コーヒーと水羊羹のお接待を受ける。

「おへんろさん、まる刈りがようお似合いで」

と老主人のお世辞まじりのお愛想。

店の前で老主人、若主人とぼく三人の記念写真をパチリ、また歩き始める。

理髪店からほどなくして吉野川の土手に出る。土手の上の道を風に背中を押されながら西へ。吉野川の大きな流れを右に見てなんて心地のよい道、そうか、これがへんろみちなんだな、来てよかった。

やがて吉野川をまたぐ阿波中央鉄橋を渡る。トラックがゴロゴロ地響きをあげて走りぬける。さすがは「四国三郎」の異名を持つ暴れ川。橋の上を威勢よく横殴りの風が吹く。体ごと持っていかれそうな荒っぽい風だ。

橋を渡るときは杖をついてはいけない。橋の下でお大師さんが休んでおられると礼を失するから。歩きへんろのルールだ。カンカンと杖をつく音がいけないのだ。杖を脇にかかえ鉄橋を歩く。すげ笠とまる刈り頭の隙間を、五月のいさみ風がぼうぼうと吹き抜けていた。

その二

焼山寺で考えたこと

へんろ四日目。八十八カ所中最大の難所、第十二番札所焼山寺《しょうざんじ》へ。十一番藤井寺の本殿脇にその登り口がある。その角に弘法大師像が立ち、「覚悟してまいれ」鉄鉢を持つ左手がその入山口を指し示しておられるように見える。

いきなりの急勾配。長戸庵へは四〇〇メートルの坂を一気に登る。いったん下り馬の背をいくつか越える。ここから柳水庵までまた登り。しばらくして巨大な一本杉が目の前に。石段を見上げると真正面に大きな弘法大師像。ぼくのことをじっと見下ろしておられる。ここが柳水庵。

ここで昼めしとする。鮭のにぎりめし二個は、昨夜の民宿吉野で用意してもらったものだ。ポカリスエットで流し込む。

この先五キロの長い下り。下り切ったあたりで、早くも膝ががくがく笑い始める。嘆かわしいのはわが足の軟弱さ。もっと嘆かわしいのはその折その折「チェッ」と舌打ちの悪いクセが口をついて出ること。

突然右足の小指に刺すような痛み。間違いなくマメの痛みだ。靴を脱いで様子を見たいが、いまはそれどころではない。

さても焼山寺頂上へはここから七〇〇メートルの登り。斜度四十五度の急斜面。ここからが難所の本番。やめるも引き返すもできない。千二百年前、弘法大師が歩かれた当時のままの道。

「さあ軟弱者、登るのだ、さっさとここまで来い」試されているような感覚。ハアハア息が上がる。なんという過酷さ、ぼくの本心はとっくに音をあげている。

唯一の反抗。それは坂の上を見上げないこと。目の前につぎつぎ現れる岩場の、

つぎにどの岩を踏みしめればよいのかだけを考えて登る。

急斜面では両手を使い岩の壁をよじ登る。杖がじゃまになるが金剛杖は弘法大師の化身、じゃまもの扱いになどできない。まして気を抜いて杖を手からすべり落としたりすれば、一気に崖下まで。拾い上げることはできない。杖をしっかりとにぎりしめ、一歩一歩登る、その内に着くさと開き直ることだけだった。

昨夜民宿吉野で知りあい親しくなったおへんろさんが数人、ぼくを追い越して行った。ぼくの方が先に出発したのに、もしかしたらぼくはこの日最後尾の入山者になってしまったのかも知れない。競走をしているわけではないが、追い抜かれるとしゃくにさわるし同時に心細くもなる。

最初の登りで野田さんという人がぼくを追い越していった。野田さんは三重県津市の市役所職員。信仰心厚く山歩きを趣味にしている。昨夜夕食の後、薬の錠剤を大量に飲んでいた。何か病を抱えておられるようだ。

ロウという人は、東京から来たモダンジャズのベース奏者。分厚いメガネをかけていて、すげ笠はかぶらずリュックにくくり付け、代わりに頭にヘッドランプを付けている。昼間でも山道は暗く、道が見えにくいからだろうか。体重九十五キロにもかかわらず意外に身が軽い。鼻歌を歌いながらぐいぐい登っていく。

室蘭から来た製鉄所を定年退職した人。ぼくと同い年だが、二年前に奥さんを亡くされた。製鉄所の職員だったからという訳ではないが鋼鉄のように屈強な体格。ぼくを追い抜くと「ふんばれ」とひと声かけてずしりずしり坂を登っていった。

それぞれに何かを胸に秘めてのへんろ旅。それにしてもこんなシビアな急坂道をみんな軽々と登って行く。ぼくだけがどうしてこんなにのろまなのだろう。うさぎのようにひょいひょい追いこして行った人たちがうらやましく思える。そうか、ぼくは亀か。足に鉛の靴でも履いた鈍足の亀なのだ。

両側は深い針葉樹の崖。その稜線を縫うようにさらに岩だらけの山道が続く。一歩踏み外したら、下までまっ逆さま。「へんろころがし」そう呼ばれている。いやな呼び名だね。上を見たら苦しくなる。下を見たら恐ろしくなる。空が暗く雨が今にも降り出しそう。おーい雨の野郎、たのむから降らないでくれ。

雨に濡れなくてもぼくは全身汗まみれ。金剛杖を持つ右腕を下にさげると、白衣のたもとにたまった汗がぼとぼと流れ落ちる。

背中のリュックがやたらと重い。こんど里に下りたら中のムダなモノはぜんぶ家に送り返してしまおう。下着のシャツとパンツ、四組も持ってきたが、今着ている他にもう一組あれば十分だ。トレーナーの上下なんて不要だ。シャンプーとリンス、まる刈り頭にこんなの不要だ。暇なとき読もうと持ってきた本二冊。某人の俳句集と某作家のエッセイ集。いずれも好きな本だが、本など読んでいる暇なんてあるものか。携帯ラジオ。何がラジオだ、いつ聞くというのだ。ｉＰｏｄ。音楽なんかむなしいだけだ。木々をわたる風の音、山にこだまする鳥や虫の声、音楽だったらこれだけで十分だ。胃腸薬と風邪薬、目薬、包帯、マスク、虫除けスプレー、全部いらない。他にいらないモノはないか。

午後三時を過ぎた。札所の納経所は五時に閉まる。あと二時間で頂上にたどり着けるのだろうか、焦る。

ああそうだ、他にいらないモノをはっきり言おう。一番のお荷物、それはぼく自身だ。醜くつき出た腹、鉛みたいなどんくさい体、こんな重い荷物は他にはない。

なにが歩きへんろだ、通し打ちだ。体は鍛えてきたのか。足は、靴は慣らしてきたのか。都内の事務所までの通勤。深夜まで机に向かう仕事。不規則な日常生活。歩く準備など何一つしなかったではないか。

そうだ、焼山寺を無事下山出来たら、まっ先にぼくを送り返してしまおう。

上を見ないつもりでいたが、ふと気になって見上げると、登りの途中に石の階段が現れた。石段を登り切ると目の前を広い道が横切っていた。焼山寺の参道に違いなかった。向こうから白装束のおへんろさんが大勢やって来た。納経を終えた団体のおへんろさんたちだ。参道の先に駐車場があるはずだ。

「ここは焼山寺ですか」ぼくはわかりきっているのにそう尋ねていた。誰でもいいから誰かに声を掛けたかったのだ。

第十二番焼山寺から鍋岩へ山を下る。途中杖杉庵《じょうさんあん》という大きな杉の木のある下の道で、右足に釘が刺さったような痛みが走る。火傷したみたいな、いやーな痛み。たまらず道にすわり込んで靴を脱ぐ。靴下の先に血の固まり。見ると小指の先端に大きなマメができている。マメのへりが少し裂けてそこから血が出ていたのだ。消毒してバンドエイドを三枚重ねて貼り、とりあえず血を止めることにした。

下りでは足をふんばれない、靴の奥に足先がぶつかるたびに、痛いのなんの、脳天まで突き抜ける痛み、かばうように歩く。足にマメができたことは久しくない。小学生のとき以来か。マメの痛みはあの時と同じ、一度おぼえた痛みは忘れないものだ。最大の難所でこれくらいの負傷ですんだのだったら、よしとしなくてはならないのかも。

その三

わたし、死にましたん？

七日目、昨夜はＪＲ徳島駅前の簡易ホテルに泊まった。焼山寺の登りで出来た右足の小指のマメは、伝染したように薬指の先にも出来ていた。足を踏み出すごとに釘が刺さるみたいな痛みが走る。ぐるぐる巻きにテーピングをしていてもまったく効を奏さない。だましだまし右足を引き摺って行くしかなかった。痛みが顔に出てしまうのがいやだった。トレッキングシューズが足に合っていなかったのだ。忌々しいこの靴、いっそのことつま先の部分を切り取って、サンダルみたいにしてやろうかと思っていた。

徳島市内をぬけ小松島市に入る。五月だというのに真夏のような日射し。四車線の国道55号線が彼方まで続いていて道の先がかげろうに揺らいで見える。この道もまたへんろ道なのだ。車の排気ガスと騒音、アスファルトの照り返しに足が焦げるように熱くて、それに痛い。

たまらず国道沿いの喫茶店に駆け込む。店の主人がおへんろ姿のぼくを見て、窓際の丸テーブルの席に座らせてくれた。ホットコーヒーを注文し、足を治療したいのでしばらく休ませてもらいたいと言うと「どうぞどうぞ」と急いでおしぼりと水を出してくれた。

「今年、春先の雪の日にね、足を血まみれにした女のおへんろさんがころがり込んできましてね」

カウンター越しに主人がそう言った。

慣れないおへんろはこの辺りまで来ると、たいてい足にマメができたり、どこか負傷したりしているらしい。

「わたしもおへんろをしていましてね、区切打ちですけどね、でもわたしにはこの先結願は出来そうにないのです」

妙な言い方だと思った。どうしてかと尋ねると、主人の体はあちこちにガンが転移していて、医師からはあと一年の命だと言われているらしい。

今年還暦で男の厄年。お祓いに行こうとしていた矢先に末期ガンを告げられ、厄よけに行く意味も機会もなくしてしまった。生まれは大阪だが女房の里が小松島で、大阪でのサラリーマン生活を切上げて五年前にこちらに移ってきた。初めはコーヒー豆の販売だけをやっていたが、時々おへんろさんが喫茶店と勘違いして入って来るもので、狭いけれど喫茶店も始めたとか。主人は日焼けしていて健康そうに見えるのだが。

ぼくも主人と同じ六十歳で、東京で自営していた事務所を整理し、念願のへんろ旅に出た事などを話した。ぼくの話が面白いのか時折呵々と笑って聞いていた。

「時々やって来るおへんろさんと話すのが楽しみです、楽しい事だけ考えてやって行こうと思っとります」

店主に親しみを感じて、あと少し話していたかったが、コーヒーを飲み、足のテーピングをやり直すとぼくは店を出た。

また国道沿いの歩道を行く。振り向くと遠くで店主が手を振っていた。ぼくがお辞儀をすると店主も深々と礼をしていた。

車道と歩道を隔てる植え込みが長く続いている。歩道の遥か先に、黒い人影のようなものが見える。近づいて行くと、買い物バッグ付きの手押し車に腰を降ろしたまま、老婆が植え込みの繁みにほぼ横倒しにもたれかかっていた。この灼けつくような日差しの下で、もしやと気になって肩をゆすってみた。お婆さんはすぐに目を開き繁みから体を起こすと、しばらくぼくの事を上から下までじろじろ眺めていた。

「わたし、死にましたん？」

お婆さんがそう言った。何の事を言っているのかすぐにはわからなかったが、やがて合点がいった。

「いいえ、生きておられます」ぼくがそう答えると、

「なんやー、いややわぁ、わたし」

お婆さんは両手で顔を覆うと照れたように顔をくしゃくしゃにして笑った。

市のふれあいセンターの風呂へ行く途中、ここまで来て急に眠気に襲われて、辛抱できずに手押し車にへたり込んで眠ってしまったらしい。八十七歳だと言った。すわあの世かと三途の川行く白川夜船、大した苦痛もなく死ねたよと、すげ笠白装束のぼくを見てそう思ったに違いない。極楽浄土のつかの間の夢うつつ、とんだおじゃま虫をしてしまったようだ。

「はいお接待、持っていきなはれ」

お婆さんは手提げ袋から大きな甘夏みかんを一つ取り出すとぼくにくれた。

リュックに甘夏を入れ、ぼくはまた歩き始めた。めざすは第十八番札所恩山寺。足には相変わらず痛みが走っていた。そうだ、楽しい事だけを考えて行こう。痛くても痛い顔をしないでいよう。

国道55号線の彼方の空に入道雲が湧き上がっていた。あの雲の下まで行ったら、いただいた甘夏を食べようと思っていた。

その四

乙姫さまのへんろ宿

そして九日目。第二十三番札所薬王寺の鐘の音が響いていた。第二十一番太龍寺の麓から約三十キロ。夕方五時、納経所が閉まる直前に薬王寺に到着。

ちなみにそれぞれの札所には必ず本堂と大師堂の二堂がある。それぞれに納め札を納め、お灯明を上げお線香を供えさい銭を入れる。本堂にて般若心経をとなえ御宝号である南無大師遍照金剛を三回となえ、大師堂でも御宝号を三回となえ願いごとをした。略式ではあるがぼくなりのお参りの形式を通させていただいた。

今日は一日中雨が降ったり止んだり。今夜は参道にあるかもめ旅館というへんろ宿に宿泊することにしていた。

かもめ旅館は古びた宿で、夕暮れなのに玄関の電気が消えていた。廊下の暗がりから小柄な女の人がひょっこり現れた。頭から薄い水色のスカーフで顔を覆っている。暗くてよく見えないが顔のまん中に大きな黒い目だけがギロリと光っていて、ちょっとドキリとさせられた。

「今朝電話で予約しておきました…」と名のると、

「こっちの宿は、もうやってないのよ」

いきなりこの宿のおかみさんと思われる女の人がそんなふうに言った。早口の上に聞き取りにくい嗄れた声でぶっきらぼうにも聞こえた。

「えっ、宿をやってないのですか」

ぼくは、不可解に思ってそう尋ねた。

「いいえ、やってないのはこっちの方でね、あっちはやってるの」

「えっ、こっちはやってなくて、あっちはやってる?」

ぼくはこうして玄関に立っていられないほど辛くて、なおかつこのおかみさんがなんのこと言っているのか意味がわからず、頭の中が混乱してきた。

「だからええのええの、こっちじゃなくて、あっち」

と妙な間合いだった。

ぼくの足は足首から下が感覚がなくなるほど痺れていて、おまけに右足小指のマメが潰れて親指ほどにぱんぱんに腫れている。何かを考える余裕がなくて、すぐに靴を脱いでどこでもいいから倒れ込みたい衝動でいっぱいだった。

「まあええから、こっちこっち」

おかみはサンダルを履いてさっさと玄関を出ると、傘を広げ振り向いてぼくに手招きする。なんだ、いったい何者なんだ。おかみは雨の降る道を小股でとことこ道に走り出て行く。小太りだが身のこなしが敏捷だった。

もしや、おかみの尻にしっぽが生えているのではとマジで注視していたほどだ。しっぽなどなかった。おかみは参道を横切り、真向かいの建物へぼくを案内した。

「こっちが新館、おへんろさんの今夜の部屋、ね、いいでしょ」

どう見ても旅館には見えない。プレハブの白い建物。二階建てで一階部分は鉄骨むき出しの基礎の柱のみで駐車場になっている。鉄の階段を二階へ上がると廊下伝いに客部屋が五室並んでいて、一番奥の部屋に通された。

「今日はお客さん一人だけやから、ゆっくりしていって」

そう言うとおかみさんは向かいの古いかもめ旅館本館へ急いで戻って行った。

ぼくは部屋のドアを開けると、何にせよ畳の上にリュックを背負ったままバタリと倒れ込んだ。立っているのがやっとで、そうしたかったのだ。

古びた本館の玄関のとなりに、建て増しされた居酒屋「ほっしん」がある。そこがかもめ旅館の食堂になっている。こっちの新館の一階部分鉄骨の階段の下に洗濯機が置いてあって、洗濯物をぜんぶぶちこんでスイッチを入れ、その足で真向かいの「ほっしん」の戸を開けた。

夕食はここでとる。店の中は長いカウンター席と小上がりがある。ぼくは小上がりに座って座卓いっぱいに並んだ料理を味わった。刺身、焼き魚、天ぷらなどひと揃いとデザート付の豪華な和風定食。写真を一枚撮った。食べ切れないほどたくさんあったが腹が減っていることもあり久々においしく味わった。

おかみは小上がりのいちばん奥に腰かけていて、ここでも水色のスカーフをしたままでいる。

「これ気になるやろ、ごめんね、わたしスギ花粉アレルギーでね、今年はとくにひどくてね」

おかみの顔を見ると、なるほど皮がむけて真っ赤だ。ぼくは別に気にならないのだが、女の人はそうはいかないのだ。

ご亭主は五年前に亡くなっているらしい。それからはおかみさんが一人でこの宿をやっている。

「ほんにけったいな旅館で、しんぼうしてなあ」

おかみがぼくの方に頭を下げる。

「こっちがほんまのかもめ旅館でな、あっちは、こっちをやりなおすまでの仮のもんなんじょ」

おかみさんの声はしわがれた上に巻き舌で、どこか中東の国の言葉のようでよく聞いていないとわからなくなる。

「こっちは去年までつこておったけど、古なってしもてとうとうあかんようになってしもた。けどそのうち建てなおすよってな、そのときまた来てよ」

「そのかわりうちの料理はちょっとええよ」

刺身、天ぷら、鯛の煮付、茶碗蒸し、サラダ。おかみさんの一人息子が日和佐のホテルで板前をしていて、かもめ旅館にお客が入ると料理をしに戻ってくるのだそうだ。

「どれもおいしいです」ぼくがそう言うと、

「そやろ」とおかみがうれしそうに笑った。

外は雨がひどくなり風も唸っている。店の玄関の戸がガタガタ鳴りだした。

「おへんろさん、うちビール飲ましてもろてもええやろか」

だいぶ間をおいて、おかみさんがそう言った。

「おへんろさんは、お酒飲まれんようやね」

「ぼくはお酒を飲めないので、おかみさんは気にせず飲んでください」そう言うと、

「おおきに、きょうはええお客さんでよかったわ、たまに怒りだすお客がおるんでな」

ダハハハ、おかみさんはしんぼうしていたのだろう、スカーフをかき分け缶ビールをうまそうにぐいぐい飲む。

「なんゆうたかて大浜海岸に海亀が上がってこんようになってなあ、困ったもんよ」

おかみさんの調子が変わった。

徳島県日和佐の大浜海岸は赤海亀の産卵場として知られていて、かつては一四〇頭以上も上がってきたことがある。泊まり客も多くこの辺りの旅館も町全体が繁盛して活気があった。ご亭主が元気だったのもその頃のことだ。今では海亀が産卵に上がってくるのは年に四頭くらい。海亀の減少とともにこの町の衰退が始まり、シャッターを降ろしたままの店も多くなったとか。

そういえばかもめ旅館の玄関の壁面に、赤海亀の剝製がほこりをかぶったままたくさん飾ってあった。

「こんなん言うのもなんやけどね、うちのだんなは男前やってな金も持ってるように見えて、ようもてたんじょ」

　おかみは小上がりに半分腰を下ろし、こんどはコップに焼酎を入れお湯を注ぐ。ぼくが話を聞いてくれることがうれしいのか、おかみの声がだんだんと弾んでいく。

「そいで女が寄って来るんじょ、ほんま、悪い女にだまされなきゃよいがと気になっとった、阿波の男ゆうのはホンマお調子もんじゃけ」

　話の中身はほとんど死んだだんなののろけ話しだった。ぼくはすっかり食事をたいらげていた。なるほど息子の料理はどれもおいしかった。食べおえると突然に睡魔におそわれた。おかみの話を聞いていられなくなった。湿っぽくなって泣きだす前にぼくはあっちへ引き上げることにした。

　海亀とともに栄えたこの町はかつて竜宮城だったに違いない。ならばスギ花粉アレルギーに悩むおかみは、かつての乙姫さまということか。

　雨と風は一晩中プレハブの屋根と壁を叩いていた。ぼくはその夜、失神したみたいに眠った。

翌朝、夕べの嵐はだいぶおさまったが、ときおり風にのって降りそびれた雨がぱらついていた。六時頃かもめ旅館を出発。ここ二十三番薬王寺から、八〇キロ先の室戸岬二十四番最御崎寺《ほつみさきじ》まで札所はない。すなわち札所間の最長距離といわれている。

「気つけてなあ、夕べはべらべらいろんなこと聞いてもろて、まことにすまんことで」

玄関先でおかみがぺこぺこ頭をさげた。

「夕飯めっちゃおいしかったです」

そう言うと、

「そうかこれはおまけや、アンタこれあとでお食べや」

おかみが大きなおにぎり二個と梅干しの入ったパックを手渡してくれた。こういうのがいちばんうれしい。

ぼくは礼を言って歩き始めた。薬王寺に白い雨雲がかかって、朱色の尖塔が見え隠れする。竜宮城のようだ。参道を門前まで来て振り返ると、かもめ旅館の前でおかみがまだ手を振っている。ぼくはお辞儀をした。顔を覆っている水色のスカーフが風に吹かれて、ひらひら舞って乙姫さまのようだった。

その五

沙門妙善師《さもんみょうぜんし》との出会い

五月二十二日、へんろ十一日目。

朝六時、第二十三番札所薬王寺門前のかもめ旅館を出発。これより約八〇キロ先、室戸岬の突端、第二十四番最御崎寺《ほつみさきじ》をめざす。

前夜の嵐はおさまったが、まだときおり雨がバラバラっと風にあおられて体に吹きつけてくる。レインウェアにはじめて着替えたのだが、しばらく歩いているうちに雨がやんだ。

西の空から東へ刷毛でひいたような白い雲が勢いよく流れて、雲間からいく筋もの斜光が金色にきらめいて地上を照らす。雲はやがて遠ざかり、国道55号線の上空に目も覚めるような青空が広がる。するとたちまち真夏のような暑さに覆われる。レインウェアの内側が蒸し風呂みたいになり、たまらず白衣に着替える。

ＪＲ牟岐線が国道55号線と撚りあうように走っていて、列車がゴーと地響きをあげて通り過ぎていく。人が大勢乗っている通勤通学の時間帯なのだ。

暑くてたまらない。杖をつく右腕の袖に溜まった汗が前後に揺れているのがわかる。腕をだらりと下げると溜まった汗がぽたぽた指先をつたって流れおちる。手をつたう汗が湧き水みたいに冷たいのはなぜなのだろう。

アスファルトの道がかわいて、たちまち鉄板のように熱くなる。国道を大型トラックと乗用車が勢いよくすれちがい砂ぼこりをまきあげる。

大きく曲がりくねった道の先に日和佐トンネルがある。入り口に六五〇メートルの標識あり。トンネル内の細い歩道を行く。排気ガスと轟音。ぼくはタオルで鼻と口を塞いで歩く。そうしないとすぐにノドの奥がいがらっぽくなる。

トンネルをぬけるとまばゆい日差し。左側のやぶのすき間から海が見える。太平洋の水平線がくっきり見える。海はきれいだがどこまで行ってもアスファルトの道。足が燃えるように熱い、足首から下がとけてちぎれそうだ。

牟岐町のローソンでオムライスとポカリスエットを二本購入。牟岐浦に面した堤防の上に腰を下ろし昼メシ。靴を脱ぎ靴下を脱ぎ寝ころぶ。波の音だけがする。素足にあたる海風が心地よい。ひとり旅はいい。好きな時に好きな場所で休むのも昼寝するのも勝手気ままだ。しかし右足小指のマメはいっこうによくならない。なんて生っ白くて弱々しい足なんだ。あーあ、まじまじと眺める。

また歩き始める。昼メシ前よりもさらに足の痛みはきつくなっている。休めば休んだ分痛みのツケがまわってくるのだ。

短いトンネルを二つ抜ける。この先に鯖大師という四国別格霊場があるはずだ。八十八カ所の札所のほかに別格霊場が二十カ所。合わせて百八カ所、煩悩の数だ。その第四番が鯖大師だ。

地図を見ればもうとっくに着いていてもいいはずなのに、まったく何の標示も見あたらない。もしかして道を間違えたのではと不安になる。土佐浜街道と呼ばれる国道55号線、道は一本道間違いようがない。

三つ目の短いトンネルを抜ける。目の前に風格のあるお堂の屋根と水煙が見える。鯖大師にちがいない、ほっとすると足がどっと重くなる。

別格とはいえ堂々とした伽藍。宿坊にはぼくが到着する前にバスへんろの団体二十名ほどがすでに入っていた。歩きへんろはどうやらぼく一人のようだ。

夜七時から護摩堂で法要がある。護摩堂につながる長い渡り廊下があり、お砂場と呼ばれるまっ暗な廊下に八十八体の金色の観音像が並ぶ。あの世とこの世を結ぶ長い渡り廊下。団体は先に行ってしまったから、ぼく一人で手を合わせ通過しなくてはならない。おどろおどろしい幽玄な肝試し。

お砂場をぬけると八角形の広大な護摩堂に入る。先にきていた団体の宿泊者が並んで椅子に座っている。

密教のお勤めを見るのも体験するのもはじめてだった。お堂の中央に護摩壇が据えられ、護摩壇の真正面に青い不動明王像と二童子像が配されている。やがて僧侶が登壇すると照明が消され、堂内は真っ暗闇になる。護摩木がくべられ炎をあげる。炎のあかりに青不動明王と二童子像がゆらめき浮かび上がる。堂内に大音響で僧侶の読経が響きわたる。

密教空間というのは一切のムダをそぎ落とした、さながら洗練された抽象アートの趣きに通じるものがある。

ところで「鯖大師」とは妙な名称だが、その由来について少々。その昔、当地にて修行中のお大師さま、松の木の下で七日間行を続けていると、そこへ地元の馬子が鯖の塩漬けを馬の背にのせ通りかかる。お腹を空かせておられたお大師さま、その鯖を一匹譲ってもらえないかと馬子にたのむ。すると馬子はこう言ったという。「これは異なことを、修行中のお坊さまがこんな生臭い鯖を食いたいなどとはもってのほか、おめえのような生臭坊主に分けてやる鯖はねえ」と言い捨て行ってしまう。

ところが馬子が峠道ののぼりにさしかかると、馬がとつぜん腹イタをおこし、山道に倒れてしまう。峠を越えて里まで鯖を売りに行く途中、このままでは売り物が台なしになってしまう。馬子は途方に暮れていると、先ほどの修行僧がやって来る。窮状を見てお大師さまがお念じになると腹痛がなおり馬がすっと立ち上がる。驚いた馬子は、この方が評判のお大師さまかと馬子は何度も頭をさげ謝った。それからさらに「ついてまいれ」とお大師さまは馬子を連れて海の岬へ。馬の背から塩漬けの鯖を一匹つかみ出し海に入れると、なんと鯖がいきをふき返し泳ぎだした。馬子はさらに畏れ入り、以後この地に寺院を建てお大師さまをおまつりしたのだという。

翌朝、五時五十分から本堂にて朝のお勤めがあった。本堂に宿坊の泊まり客が並ぶ。勤行の後、講話をするその僧侶の名前を知って驚いた。「沙門妙善」という名前に見覚えがあった。「沙門」は僧という意味だ。

焼山寺の「へんろころがし」で、鶴林寺、太龍寺の難所でもこの名前を見た。山道の岩や木の幹に小さな白い札がぶら下がっている。苦しくて息が上がってしまった時など、見計らったようにこの札が現れる。札にはこう記してある。

「心をあらい　心をみがくへんろ道　沙門妙善」

札を見てしばらく足を止めひと息つき、また歩き出す。何度も目にしたこの名前。

歩きへんろにしか知る由もない「沙門妙善」とはこの方だったのだ。

「みなさんは何故いまここにいるのかわかりますか？」

講話の終わりに妙善師が参加者一人一人に妙なことをお尋ねになる。

「鯖大師という名前に興味があって一度来たかったからです」

とすぐに答えた人。

「ツアーの予定になっていたから」

と正直に言う人。

「わかりません」とぼくは答えた。

「わかりませんとは、気が付いていないだけです、みなさんはすでにどこかでお大師さまとお会いになっています」と妙善師はもっと妙なことをおっしゃる。

「ここにおられるみなさんはお大師さまに呼ばれた方なのです、呼ばれたから今ここにこうしているのです」

朝七時に鯖大師をたつ。海岸沿いの道、朝の日差しがまぶしい。すぐに小さな岬、ここが鯖を海に返し生き返らせた岬だ。

浅川の漁港をすぎるとゆるやかな登り、開かれた森の中の道を行く。ここから海南町に入る。刺すようなきつい日差し、ぼくはすでに汗びっしょりだ。

道の向こうから歩いてくる人影。足もとが明らかによろけている。今にも止まりそう。ボロボロのフード付きトレーナーを頭からすっぽり被っている。穴の空いたバスケットシューズ。フードからのぞく顔。見るとうつろな目をした若い男。ぼくと目を合わせるのをいやがっている。

「逆打ちですか」と尋ねた。頷いたが何も言わなかった。「大丈夫ですか」と聞くと不機嫌そうに顔を背けた。腹が減っているならカロリーメイトをお接待しようかとバッグから取り出した。さし出したぼくの手を男は振り払った。そのまま、何もいわず、ずだ袋を肩に斜めにさげふらふら遠ざかっていく。かげろうがその姿をかき消すようにゆれる。大きなお世話だということか。他人のことを心配する前に、てめえのことを先に心配してろ、ということか。

「逆打ち」というのは八十八番から一番へ、時計まわりとは逆にまわることをいう。その道のりは厳しく「順打ち」の三倍の功徳があると言われている。

それにしても不可解なあの若いへんろ。ただのすねものか、それとも死に場所を求めてのさすらいか。なにが起きても不思議でないへんろみち、炎天のかげろうにゆらめく道。

牟岐線の終着駅海部駅前を通過する。あと少し行くと徳島県を越えていよいよ高知県へ。はるかに続く海の道、室戸岬まで残り四十五キロ。今夜の宿泊地東洋町にある「みちしお」というサーファーの宿へ。

その六

神《こう》の峯《みね》の泥清め

ロッジおざきから約十二キロ、海沿いの道に御蔵洞《みくろど》が現れる。窟内に入る。入り口はせまいが中は広い岩の洞窟、昼間とはいえ中は薄暗くぼく一人では少々心もとない。奥に石の護摩壇がある。

空海はこの窟内に住み修行をつまれた。入り口の向こうに、空と海が上下二つに分かれて見える。空海の名は、この洞窟に由来したことがよくわかる。空海の著書「三教指帰《さんごうしいき》」に「土佐室戸崎に勤念《ごんねん》す。谷響を惜しまず、明星来影す」とある。大和の大峰山から、高野山、太龍寺とさとりを開く修行をつづけてきたが果たせず、ようやく室戸のこの地にまで来た。

空海十九歳、ここでついにさとりをひらくことになる。「明星来影す」とは祈りをつづけるうちに体の中に朝日がとびこんできて、光とひとつになったということである。

すなわちさとりとは心身が光とひとつになることをいう。このことはいくら問うてみても意味がない。そのまま受け入れることでしかない、それでいいのだ。

ぼくは護摩壇に腰かけてみた。洞から見える空と海。そのほかに何か見えるか、ぼくの中に明星は飛び込んで来そうか、そんなわけはない。

バスが二台御蔵洞の前に停車。ぼくはツアーの大勢の人と入れ違いに御蔵洞を出た。

四国八十八カ所の名所のひとつだが、このへんがただのトレッキングコースとは違うところだ。こういうお洞に入ればなおさら強くこころに刺さるものを感じる。

その日は室戸の第二十六番金剛頂寺《こんごうちょうじ》宿坊に泊。次の日奈半利《なはり》を経て、高知県安芸市唐の浜にあるへんろ宿「浜吉屋」へ。

翌朝七時半に浜吉屋を出て、第二十七番神峯寺《こうのみねじ》をめざす。へんろ十六日目。神峯寺へは「打ち戻し」となる。浜吉屋を出発して神峰寺にお参りをし、同じ道を引きかえしてふたたび浜吉屋に戻ってくる。「打ち戻し」とは往復歩きのことをいう。

唐の浜から北へ、まっすぐのびる一本道の参道、およそ一時間半の行程。ふたたびここに戻ってくるのだからリュックは浜吉屋に預け身軽にして出かけていく。

明け方まで雨が降りつづいていた。今はうそのように晴れて、浜吉屋を出る頃には日差しが空いっぱいにあふれていた。だが風は勢いよくすげ笠を吹き抜け、耳元でヒューヒュー泣いているように聞こえる。海からの追い風に、歩きはじめから背中を押されているようで足がらくに感じられた。

田の道をしばらく行くうち、空にいく筋もすじ雲が追いかけてくるのが見える。こういう低空を早く流れる雲はかならずあとから雨雲をひき連れてくる。

田畑の中をしばらく行くと神峯寺の駐車場に出る。その脇に登り口の道しるべあり。

　ここからいきなりの急坂がはじまる。くねくねつづら折りの険しい山道。この道は真《ま》っ縦《たて》と呼ばれるへんろころがし。真っ縦とは垂直という意味だが、ほぼ斜度四十五度の崖の道をよじ登る。昨晩、浜吉屋のお客から聞いていたのとはまるでちがうきつい山道だった。

　お山は何日も降りつづいた雨を腹いっぱいに吸い込んでいて、ぬかるみ歩きづらい。急な曲がり角ではすべらないよう一歩一歩踏みしめながら登る。

　白いすじ雲の予感は思ったとおりになってきた。頂上付近まできた時、鉛色の雲に覆われ、にわかにあたりは暗くなってきた。

　神峯寺のお参りをすませ納経所を出て山道を下りはじめた所で、さらに風が勢力を増す。突如稲光りがしてゴーゴーゴードドドドとお山全体に雷鳴が轟いた。この音を合図に風が木々をゆらしウワァーウワァーとけものの鳴き声に似たうなりをあげる。

　ふき飛ばされそうになるすげ笠をぼくは手で押さえながら山道を下る。急がないと雨が来るぞと思った瞬間、バラバラっと笠をたたく大ツブの雨。ゴーゴーゴードドドドと雷鳴、ウワァーウワァーとお山の大合唱。雷鳴は山全体にこだましていつまでも止まない。のたうちまわる雨と風。どこか近くに稲光りが落ちた。青白い閃光とビシャと甲高い雷鳴が追い撃ちをかける。屈服させられるような山の嵐だ。下りの山道に雨宿りする場所がない。大きな樹の下に逃げこんだが大して効果はなかった。レインウェアに着替えようと思ったが、レインウェアはリュックにしまったまま浜吉屋に置いてきた。白衣もズボンもたちまちずぶ濡れになった。体にしみる冷たい雨。

「ええい、どうなとしやがれ」

山の嵐にさらされるがまま坂を下る。こんどは真っ縦の下山道、こんなとこ来るんじゃなかったと後悔させられるほどの、名うてのへんろころがし。ところどころ枯れ葉に覆われた道がある。厚くふり積もった落ち葉の道、ここは山が仕組んだ巧妙な罠のようだ。雨水を吸いこんですべりやすく、落ち葉の下には尖った山の石が隠れていることがある。転んだらいちころ、想像しただけでぞっとする。

気をつけなくてはと思ったその一瞬だった。急な下りの曲がり角、左にまわり込んだところで、ぼくは露出した木の根っこを踏んでしまった。ツルリと足がすべって、体がふわりと浮き上がり斜面に落下してドスンと尻もちをついた。左の腰と右ひじをしたたか打った。声が出ないくらい痛くて唸った。すぐに立ち上がれずに斜面にへたり込んでじっと痛みをこらえていた。

メガネがない。はずみでどこかへふっ飛んだみたいだ。まわりを見回すと、道のまん中に溜まった落ち葉の上に刺さったみたいに立っているのが見えてほっとした。雨はようしゃなく降りつづいていた。ズボンも白衣もびしょ濡れのどろまみれだった。

道に伸び出し露出した木の根はへんろの足にツルツルに研磨されていた。雨に濡れすべりやすい。踏んではいけないことくらいわかっていたが、つい踏んでしまったのだ。

少し痛みが治まってきたところで、ぼくはやっとのことで下の参道まで下ることができた。

参道を横切るように農業用の用水路があった。ややにごってはいるが雨のせいで水量が多く流れも早い。脇道に入り、そこでどろだらけのズボンと白衣を脱いで洗った。下着にもどろがしみこんでいたのでついでに洗った。

左の腰の上から尻にかけて細長く擦りむいていて、その周辺が赤く腫れてひりひり痛んだ。右ひじも擦りむいて血がにじんでいた。用水路の両側はささ藪に覆われていて水の流れの音だけがする。あたりはまだ朝の気配が残っていて湿った風が冷たくて、体がぶるぶるふるえた。洗ったズボンや白衣などは固くしぼってすぐに身につけた。さいわいだれにも会わずにすんだ。

参道に戻ると、雨がウソのようにあがっていた。しばらく行くと、道の向こうから二十人くらいのおへんろの団体がやってきた。

「お早いお戻り、ごくろうさまです」

先頭を来た先達さんがぼくに声をかけてきた。

「ごくろうさまです」

ぼくは何ごともなかったかのようにあいさつした。

先達さんはすげ笠にかくれて顔はよく見えないが白いあご鬚がのびている。集団が足をとめて、とり囲むようにぼくのことをじろじろ見ている。

「先達さん」というのはへんろの案内人で、お四国を何周もしたことのある経験と知識のある人がつとめている。その資格を得るのは容易ではない。

「山の上でものすごい雨にあいました」

ぼくは、そうこたえた。

「あなた、ころびましたね」

先達さんがそう言った。

「わかりますか」とぼくがたずねると、

「どろまみれですから」

先達さんの顔が笑っていた。

えっ、と思って見るときれいに洗ったはずの白衣とズボンが、乾きはじめていて、しみ込んだどろがまだらに浮きあがっていたのだ。

「ほんとうだ、あの、実はですね…」

ぼくはお山の坂道でころんだ顚末を話した。

「それで先ほど川で服を洗ったんです」

「おや、洗いましたか」

先達さんがまた笑った。

「ずぶ濡れでどろだらけでしたから、やぶれかぶれで」

「やぶれかぶれですか、そりゃそうだ」

わははと笑った。

「あなた、それはよかった」

先達さんが少しして妙なことを言った。まわりにいた人たちも先達さんの話を聞いていた。

「え、よかった、なにが？」

「それはどろに汚れたのではなくてですね、いいですか、あなたは神の峯のどろにお清めされたのですよ…」

先達さんはそんなふうに言った。

「お清めですか、ということはどろだらけになってよかったってことですか」

「ええ、よかったのですよ」

いい加減なことを言っているのではないかと先達さんを一瞬疑ったが、なんでもいいように考えればいいことになる。すぐに、そんなこともあるのかと気持ちを切り変えた。

「では、お気をつけて」と、声をかけあいへんろの団体と別れた。

お清めされたのか。ぼくはこういう話はキライではなかった。「神の峰のどろ清め」、好んでどろだらけになったわけではない。しかし痛い思いをした分、そのことでご利益があったのなら、それもまたありがたいことではないか。

禍い転じてなんとかだ。元気をもらった気がする。ならばきょう一日、どろのしみた服を着てこのまま歩くことにしよう。

浜吉屋へ戻ってきたのは午前九時半。少し時間がかかったがほぼ予定通りだ。尻と右ひじの消毒をして、リュックを背負い海岸沿いの道を行く。お清めなら消毒などするとご利益も消えてしまうのでは、とは言えひりひり痛むからそれもやむ

なしだ。雨はすっかり上がったが風はまだビュンビュンふき荒れている。
潮風に神の峯のどろの匂いがまじりあい、ぼくの全身を吹き抜けていた。

その七

海に吠える

高知県安芸市の海岸沿いの道を行く。国道55号線に平行してつづく防波堤とその歩道。歩道の左側は高いコンクリートの防波堤。その内側の歩道もコンクリートだ。防波堤には間をおいて頑丈な鉄の扉が設けてある。津波などに備える防波扉だが、スライド式になっていて砂浜への出入り口になっている。ほとんどは閉じられているが、少しだけ開けてあるものもある。その切れ間から砂浜と海が見える。風とともに砂が歩道に吹き込んでくる。

土佐湾に面し、浜に沿ってどこまでもつづくコンクリートの道。この道もへんろみちなのだ。右側は藪と歩道に沿った長い墓地。墓石が延々とつづいている。練り物みたいな厚い雲が低く垂れ込め空を覆う。コンクリートの壁と道、見えるかぎり灰色のモノクロームの世界。いっそのこと雨が降ってくれたほうが助かるのだが。蒸し暑さがぼくの体力を徐々に奪っていく。メガネにも汗がつたう。メガネの汗を拭きとりたいのだが、いま立ち止まると次に歩き始めるのがつらくなるだけだ。メガネはそのままでよけいなことはせずひたすら歩く。

するとここで右足の小指の先にまた釘が刺さったような痛み。焼山寺でできたマメがようやく治ってきたというのに、そのマメの上にさらにマメができたのだ。

安芸市内を通過。安芸市営球場前駅のうどん屋で昼食。ようやくひと息つく。天ぷらうどんといなり寿司を注文。安芸市営球場は阪神タイガースのキャンプ地。店の壁にタイガースの選手のポスターとサインがズラリ。ぼくも長年のタイガースファンだ。小山、村山、江夏、三人のエースがいたタイガース黄金期の写真があった。写真やポスターを見ていると、いくらか気持ちがほぐれる。

靴を脱ぎマメの治療とテーピングをしていると、この店の看板娘がぼくのほうに駆けよってきて、「これどうぞ」と凍った保冷剤をぼくに手渡してくれた。看板娘は幼稚園児で六歳。店主のおじいちゃんに言われてぼくのところに届けにきてくれたのだ。

「ありがとう、助かるわ」

ぼくは女の子に礼を言った。厨房の奥にいるおじいちゃんにも頭を下げた。

足首から下がしびれて感覚がない。テーピングをしたばかりのマメの上にいただいた保冷剤をあてて冷やしてみた。ところがこれが裏目に出た。やや間をおいて足先にギィーンと感電したような痛み、保冷剤をすぐに外した。痛みはしばらくつづき頭の芯までしびれて、ぼくは顔をしかめてこらえていた。

「よけいなことするんじゃねえ!」

と足の怒りの声が聞こえた気がした。ぼくの足だけど、もうぼくの手に負えない別の生物になっている。何もせずそっとしておくのが一番なのだ。

ポカリスエットを一本一気飲みしてまた出発。芸西村《げいせいむら》に入るとまたさっきと同じ防波堤の道。今度はサイクリングロードになっている。ここも同じくへんろみち。どこまで行っても誰にも出会わない。出会うのは防波堤の上のカラスだけ。サイクリングの人もおへんろもだれもいないのはなぜなのか。

今朝、神の峯の泥清めを受けたから何かいいことがあるにちがいないと思っていた。でも何も起こらない。風景のない灰色の道、こころは愚痴っぽくにごるばかりだった。

いくらテーピングを変えても、できたばかりのマメの痛みは防げない。右足を引きずる、痛くても痛い顔をしないのがマイルール。しかし我慢をすれば自然に涙がにじみ出てくるのも自然の決まりだ。こういうときは何にも考えずひたすら前に一歩一歩。

防波堤の鉄の扉のそのすき間に立ち止まると海が見える。広大な太平洋の水平線。砂まじりの風がひゅーひゅーうなりを上げてぼくの体を吹き抜けて行く。

「バカヤロー、シンジマエー」

海に大声で吠えてみた。カアカア、カラスが鳴いて飛び立つばかり。何も返ってこない、何も起こらない、波と風の音がするばかりだった。

情け容赦ないコンクリートの道。ぼくはこのへんろみちが、難所中の最もきびしい難所であることを実感した。今日はこれまでの最長四〇キロ以上を歩いた。

その八

おへんろ墓とお接待

今日から六月。高知県中土佐町久礼《くれ》のへんろ宿福屋を出発。「土佐往還《とさおうかん》添《そ》えみみずへんろ道」を行く。変わった名前の道、ミミズのようにくねくねうねるからその名がついた。「土佐往還」とは「土佐の国道」という意味だ。

雨もあがり久しぶりの晴天。風が舞い、白いちぎれ雲が山頂すれすれを走っている。予想通りのきつい登り。右足小指のマメの痛みがようやく治まってきたと思ったら、こんどは右足のかかとにでっかいマメ。焼けた火の玉に触れたのと同じ痛みがはしる。足がちぎれて離れ落ちそうだ。

添えみみず峠を登りつめたあたりで、信じられない光景に出会う。木々に覆われた坂の途中、その先がトンネルの出口みたいにぱっと開けて明るい光がさしこんでいる。何ごとかと思う。峠道は突然そこで行き止まりになる。目の前にあらわれたのは人工的に切り取られた垂直の断崖絶壁。添えみみず峠がばっさりと凹の字にえぐりとられているのだ。

びっくり仰天、ドギモをぬかれるとはまさにこのこと。眼下に巨大な建造物があらわれる。工事中の四国横断高速道路の橋桁が峠を切り裂いて横切っていたのだ。

こちら側の垂直の崖に沿って工事用の鉄の階段がジグザグに続いていて、いったん下までおろされる。そして建設中の高速道路のコンクリートの橋桁の下をくぐると、対岸の崖につくられた杭打ち階段が見えてくる。今度はこれを再び元の高さまで登る。高さ約一〇〇メートル。名付けて「添えみみず新道」。ものは言いようだが、へんろ道をぶった切っておいてよくも言えたものだ。

全身を汗が伝う。登りつめた所に「お奈みさん」の墓。この道で行き倒れて亡くなったおへんろさんの墓だ。四角い石室の墓。当初、石室の上には石のお地蔵さんがのっていたそうだ。後にお奈みさんの郷里の人がこの墓を訪ねてきて、身代わりにとお地蔵さんを背中にくくりつけて帰って行ったという。お地蔵さんを背負って歩く話を何かの小説で読んだことがあるが何だったか思い出せない。

道はやがてゆるやかな細い尾根の道になる。峠道に入ってからずっとぼく一人、誰にも会わない。うっそうとした木々に覆われて道は昼前なのに夕暮れのようだ。弘法大師ゆかりの海月庵跡を過ぎる。道の両側に小さなおへんろ墓が数多く点在する。墓石に天保、嘉永、明治などの没年。名前も出身国も刻まれているが、ほとんど消えかかっていて読めない。

馬の背をいくつか過ぎた辺りで不思議な感覚になやまされる。ちりんちりんとぼくの金剛杖に付けた鈴の音が響いている。しかしすぐ後ろでも鈴の音がする。誰か追いついてきた人がいるのだろうか、気になって振り向く。誰もいない。ザクザクと後ろで足音がする。振り向くがやはり誰もいない。ぼくは足を早める。リュックが後ろに引っ張られる感じがしてならない。

曲がりくねった深い竹林が続く。木の合間からふと亡くなったおへんろが姿を見せるのではと想像してしまう。汗がよけいに吹き出てくる。気のせいなのだ。鈴の音も足音もみんなぼくが発しているのだ。

ようやく添えみみず峠を越える。途中、あっと驚く光景があったが、四万十町七《なな》子《こ》峠まで文字通りミミズがくねくねはう山道が続いていた。

その日、四万十町窪川の第三十七番札所岩本寺宿坊に泊。

夜中に寝苦しさに襲われ目が覚めた。吐気と下痢。トイレに駆け込む。十分おきに吐気と下痢。熱があり全身鉛のように重苦しかった。薬といえば風邪薬パブロンしかなかった。それを飲む。トイレにはそれから数回。朝まで一睡もできなかった。まだ半分も来ていないのに、ぼくのへんろもここが行き止まりかと考えていた。

夜明け頃から雨が降り出していた。朝六時、宿泊者たちは朝の御勤めに宿坊から本堂へ。ぼくも出立の準備をして他の宿泊者の列に並んで座った。体に力が入らずふらついた。本堂に入るなり再び吐気がして冷や汗がでた。たまらず読経の最中に中座してトイレに駆け込んだ。

後で岩本寺のおかみさんに詫びを入れた。出て行ってくれといわれるかも知れないと思った。「ええから部屋に戻っておとなしくしてなさい」おこられたがなんだかほっとした。

寺の傘をかりて薬を買いに宿坊を出た。岩本寺の門前に窪川薬局があった。シャッターが降りていたがたまたまご高齢の女主人が店の前を掃いているところで開けてくれた。

「おへんろさん、あかんよ、あんた顔が真っ青やから」

女主人はしばらく考えて、それは熱中症だからと、止瀉薬とビオフェルミンを出してくれた。水分補給を充分するように言われた。

「おいくらですか」と言うと、

「お接待させてもらいます」

と女主人はお金を受けとらなかった。

宿坊のぼくが泊まっている部屋のすぐ横を、土佐くろしお鉄道が走っている。窪川はその始発駅。朝五時すぎ、いちばん列車の出て行く音を聞いていた。列車が通るたびに窓ガラスがビビビと響いた。薬を飲み一日中部屋でじっと横になっていた。列車の轟音は気にならなかった。コンビニで買ってきたポカリスエットでお接待していただいた薬を飲んでいた。具合が悪くなったのがこの宿坊でよかったと思った。これが昨日の添えみみずへんろ道で起きていたら、ぼくは道端のへんろ墓に入ることになったろう。薬局もコンビニも近くにあって、岩本寺が窪川の町中にあることも幸いした。

二日目の深夜、薬が効いてきたのか下痢も治まり少しずつ体が軽くなっていくのがわかった。

朝、身支度をして六時に岩本寺を出ることにした。出がけにおかみさんに宿代の清算をお願いした。

すると「二日目はお接待させてもらいます」といって、一泊分しか受けとらなかった。

さてこれより約八〇キロ先、足摺岬の第三十八番金剛福寺をめざす。ここも難所、太平洋の海の道へ。

その九

さとりと迷いの国境

一昨日と昨日、土佐清水市下ノ加江村《しものかえむら》、安宿《あんしゅく》というへんろ宿に連泊。足摺岬の第三十八番金剛福寺への打ち戻しを行う。すなわち行って同じ道を戻ってくる。

太平洋の荒波。どこまでもつづく海岸沿いの曲がりくねった道。時折トラックやバスが砂塵を巻き上げぼくを追い越していく。地球温暖化のせいなのだろう、陽の下はまったく焦げ付くような暑さだ。この道には日差しを避け、ひと休みできる場所がどこにもない。ペットボトルの水がたちまち空になる。

あの空海でさえあまりの過酷さに足を引きずったといわれる足摺岬。往路、復路ともにつらい青空だった。ようやく難所のひとつをこえる。

そして今日、へんろ二十八日目。日差しはすでに真夏の暑さだ。朝から日がじりじり照りつけ、歩きはじめから汗びっしょり。下ノ加江村から三原村へ渓川沿いの道を行く。上からのぞき見る下ノ加江川はきれいなエメラルド色だ。裸になってとび込んでみたくなる。

途中、竹内商店というコンビニが一軒あるのみと聞いていた。たどり着いてみればお粗末な雑貨店。家庭用品も食料品も何でもあると聞いていたが、食料品はぜんぶ売り切れ。蒸しパン一個売れ残っているのみ。若い店主が申し分けなさそうにしていた。その一個を購入、ポカリスエットで腹に流し込む。昼食終わり。

誰にも会わない。渓川沿いの木かげだけが唯一涼のなぐさめ。下長谷から三原村へ入ったあたり、両側から竹藪に覆われた村道で、不可解な黒いかたまりに出会う。道のはしに丼鉢を伏せたぐらいの黒いかたまりがうごめく。近づいてみると何百もの銀バエの群が何かにたかっている。杖で地面を叩くと、銀バエがいっせいに飛び去る。銀バエのベールの下にはヘビの死骸。クルマに轢かれたのだろう。

するると死んでいると思ったヘビが、シャーっと素早くかま首をもたげ、毒牙をむき出しに攻撃のかまえをとる。まむしだ。目が合ってぼくは慌てて後ずさり。胴体の半分はタイヤに踏まれてへしゃげて地面に貼りついたままだが、残る二〇センチほどの上体を直立させ毒牙をむき出しにして威嚇している。ぼくが避けてまわりこむと、まむしは首をよじってぼくから目を逸らさない。しかしやがてへなへなと首をうなだれる。また銀バエの大群がわっと襲いかかる。容赦なし。

道に倒れたらぼくも同じ姿になる。へんろ道に命を散らすものはすべてへんろ。さようなら兄弟。手を合わせ遠ざかる。

その翌日、第三十九番延光寺門前のへんろ宿嶋屋をたち、高知と愛媛の県境松尾峠を越え、第四十番観自在寺《かんじざいじ》をめざす。

宿毛《すくも》の市街地をぬけるとすぐに松尾峠への道がはじまる。その出発地点の目印になっているローソンの駐車場で、軽自動車に乗った婦人から声をかけられる。

「おへんろさん、一本松まで行くからよかったら乗っていかんね、お接待させてもらうき」

運転席からの声。サングラスをかけ頭にスカーフを巻いた人のよさそうな婦人。

一本松までは約一〇キロ、いっきに車で行けたらどんなにラクだろう。ぼくの心がぐらり揺らいだ。躊躇したがお断りすると、婦人はなにも言わず走り去っていった。

だらだらとした上りの山道が続く。とっくに汗びっしょり。かなり歩いてきたから松尾峠はもうすぐだろうと思った。途中山道が開けてブンタンの畑に出た。作業中の人たちがいたので松尾峠はどのあたりでしょうか、とたずねると、男の人が指さして言った。

「あの白く見えるお山、あれが松尾峠や」

手前に三つの黒い山が折り重なり、その背後の白くぼんやり見える山が松尾峠だと教えてくれた。

「えっウソ、あれがそうなんですか？」

地元の人がウソなんか教えるはずがない。あの遠くに白くけぶる山が松尾峠なのだ。まだまだはるか先、どかっと身も心も重くなる。

「気いつけていかれよ」

ブンタン畑の人は作業に戻っていった。

「あかん、聞かなきゃよかった」

へんろに出てから、泣きごとは言わないと心に決めていた。泣きごとを言うとよけいにへこたれてしまう。へこたれて気持ちがなえると、必ず体のどこかに異変が起きる。こんどは両足のかかとにあたらしいマメができた。体と心はつながっているのだ。

絶えず足首から下がちぎれるみたいに痛い、これに針で刺したようなマメの痛みが加わりいたたまれないほどの痛みになる。

どこでもいい道端の草むらにどさっとたおれ込み、やすみたい衝動にかられる。

宿毛のローソン前で声をかけてくれた「あの婦人の車…」に乗せてもらっていたら、今頃とっくに一本松町に到着、第四十番観自在寺へのまっすぐな道を歩いているころだろう。

いよいよ松尾峠の登り口、その入り口に子安地蔵というお堂があった。そのお堂を横に見て通りすぎようとしたとき、お堂の前の白い石仏が目に入った。そしてその石仏が急に動き出したのでドキッとした。

「ああ、よう寝た、ちょっと寝すぎました」

見るとのびをしながら人がこちらに近づいてくる。にこにこした白いヒゲのおへんろさんだった。これから松尾峠を越えて宇和島まで行くと言う。

時計は十一時過ぎ。ぼくはこの人と話しながら松尾峠の山道を歩いた。白ヒゲのおへんろが先にたち、ぼくがその後を追う。それまでなだらかだった山道がだんだんきつい上りにかわる。急なうえに曲がりくねっていてけっこうこたえた。先導してくれる人がいてくれて助かった。後について行けばいいだけだ。松尾峠の頂上までいっきにのぼりおえた。

白ヒゲのへんろと峠の上の見晴らしのいい場所でひと休み。ここは土佐と伊予の国境。長かった高知県と別れていよいよ愛媛県に入る。遠くに宿毛湾がひろがり、手前に宿毛の市街地が見渡せる。

自分は二年間続けざまに四国を歩いている。いま十六周目。ほぼ野宿。ゆうべは子安地蔵の通夜堂に泊まり、さっきぼくと会う前まで寝ていたという。通夜堂というのはお寺がお堂を開放して、おへんろの無料の宿泊施設になっている。「通夜堂は眠れますか」と尋ねると「静かでいいよ」という。床板だけだから敷きマットと寝袋持参で泊まる。以前はたくさんあったらしいが最近はそこに居ついてしまう者がいて、閉めてしまったところが多くなったという。

日焼けしてつやつやした顔、うす汚れた白衣、穴だらけでぼろぼろの破れ笠。なんとすり減ったビーチサンダルをはいている。七十歳は越えているだろうと思えたが聞けば五十六歳。ぼくより年下ではないか。東京都墨田区の生まれ、建設中の東京スカイツリーのまさに足元に家があったらしい。

「家も、仕事も、家族も、みんな捨てましてね」という。

「捨てまして…」とは、ただごとではない、よほどの事情があってのへんろ旅。二年間続けて十六周目とはなぜそこまでと聞かざるを得ない。聞けば、うことですから」

「さとりを開くためです」という。

「これから先も歩き続けるのですか」と聞くと、

「決めたことですから、さとりというのは、生きながらにして仏と一つになるとい

うことですから」

へェー、もっといろんなことを聞きたくなる人だった。そのために家も、仕事も、家族も、みんな捨てますかねえ。凡俗のことわりからいえばいささかスジが通らないが、これは何か深いわけがある。何かあってもそれ以上聞かないのがへんろの流儀だ。そもそもへんろのこと、わけは風に聞くしかないというから。

白ヒゲのおへんろのおかげで、松尾峠をそれほど苦にもせず越えることができた。

ここで白ヒゲへんろとはお別れ。

「これから観自在寺を経て宇和島まで行きます、じゃあ」

と峠道を飛ぶように下っていった。

いろんな人がいて、ほとんどの人は迷っていて、それでもみんな懸命に生きている。「生きながらにして仏と一つになる」あのへんろはそうおっしゃった、世の中

にはこういう人もいるのだ。なんだかすごいね世の中捨てたもんじゃないね。ぼくはきょう白ヒゲへんろに会えたことがとにかくうれしく思えた。

まっ青な空を海のほうからちぎれ雲が悠然と流れる。ぼくは宿毛湾を眺めながらここで昼めしとしよう。ローソンで買ったハンバーグ弁当をむしゃむしゃ食べる。

その十

雨の柏坂と行商へんろ

六月十日、ニュースでは四国はきょう梅雨入りしたとか。早朝、第四十番観自在寺近くの民宿磯屋をたつ。雨雲が低くたれこめていた。午前十時半、愛媛県愛南町内海から柏坂へんろみちに入る。さっそく雨が降り出す。

柏坂は昨日の松尾峠よりはるかにきつい。足先に刺すようなマメの痛みが走る。しかも今度は両足の中指に同時にできたのだ。痛くても顔をしかめないようにしている。気の持ちようで痛みはいくぶんか薄められる。

いきなり急勾配の山道、両側から道を覆うように木々のトンネルが続く。つづら折りの山道の曲がり角に野口雨情の歌碑が立つ。

——松の並木のあの柏坂幾度涙で越えたやら

この峠道を通ったのだろう。全国を旅した流浪の詩人でもあった。「雨降りお月さん」や「赤い靴」で知られる童謡作家。雨情が内海町へ来たのは昭和十八年、戦時中のことだがここが雨情にとって旅の最終の地となった。他にも峠にはいくつか雨情の歌碑が立っていた。

——渡り鳥さへ内海さして千里海原越して来る

気持ちがなごむ。

しだいに雨と風がつよくなる。木々が風にしなり枝が折れ、山全体がごうごうとのたうつ。とうに白衣はずぶ濡れだ。しずくがズボンにしみてパンツまでびしょ濡れ。靴にもだんだん泥水がしみてくる。靴の中がすっかり水浸しになってからはもうどうでもよくなった。ぼくは子どもの頃からこういうヤケクソな感じが好きだった。しかし歩きを止められない、すぐに体が冷えてしまう。体が冷えるとだるくなって動くのがおっくうになる。

柳水大師の東屋で雨やどりして、民宿磯屋のおかみさんにお接待してもらったゆで卵を一個食す。こういうときのゆで卵は格別にうまい。

いよいよ峠が近くなり嵐になる。雷鳴が轟く。山中で雷鳴を聞くのは二度目だ。ドロドロドゴゴゴーと谷間に木霊して山全体がうなりをあげる。うなりはなかなか静まらずしばらくつづく。その後すぐにふと不思議な感覚にとらわれる。ぼくは以前この場所に来たことがある。もちろんここへ来たことなどないのだが坂の上に建つ地蔵菩薩の祠のかたち、雷鳴や風の音や雨に濡れた山の匂い、同じことを経験したことがある。そうだデジャビュだ、この山中のこの情景を記憶しているのだ。

標高四六〇メートルの標識。景色がいいと聞いていたが、雲に遮られて下界の景色は何も見えない。長くてせまい馬の背を行く。両側は鋭い崖。道が雨を吸ってぬかるみ、滑る上に風に煽られ体がもって行かれると危ない。神峰寺での転倒もある、杖で道をしっかり捉えながら行く。なぜか午後になると両手がぱんぱんに浮腫んできて杖がしっかり握れなくなってくる。

急な石段を下るとやがてなだらかな下りの山道に出る。ようやく柏坂を下り終えたのだ。

川に沿っていくと、畑地という小さな村の郵便局と小学校があった。つきあたりに公民館がありトイレをかりた。職員が男女二名いて、若い女性の職員がお茶と最中をお接待してくれた。ありがたかった。

午後四時半、津島町岩松に到着。新橋旅館はつげ義春の漫画に出てくるひなびた旅館にそっくりだ。目の前を増水した岩松川が濁流となっていた。家々も道路も先の工事中の橋もみんな雨に濡れている。墨絵の中にいるみたいでものすごく遠くへ来たような思いがした。

素泊り三五〇〇円。夕食は隣りの鶴亀食堂へ。鶴亀定食八〇〇円。ごはん二膳喰う。満腹。

旅館に戻ると、玄関脇の応接間におかみさんとゆかたを着た男の人が座布団に座りテレビを見ていた。ワールドカップサッカー予選日本対カタール戦の中継。

「お客さんもよかったらどうぞ」とおかみさんに促されて、ぼくも座ってテレビを見ることにした。

「こちらおへんろさん」

おかみさんがぼくを男に紹介する。片手に缶ビール。痩せて日焼けした四角い顔、細い眼、深い皺、縮れ毛をオールバックに固めている。宿の主人かなと思ったら、逗留客。サッカーの試合は1対0でカタールがリードして前半戦終了。

「どちらからですか」と男がぼくに尋ねる。年季の入った嗄れ声。埼玉からですと返事する。おかみさんが、どうぞとみかんの入った籠をさし出してくれた。男は少しして話し始めた。今年七十三歳。貝介《かいすけ》という変わった苗字。岡山県津山市の人。十一年前に奥さんを病気で亡くされた。次の年に四国へ歩きへんろに出た。ところが松山まで来て路銀がつきてしまい困った。知り合いの世話で、それまで京阪神でやっていた実演販売の仕事を四国でやることにしたらこれが受けた。路銀を満たすどころか面白いように儲かった。

デパート、スーパー、商店街、たのまれたらどこへでも行く。フードカッター、包丁セット、健康マクラ、布団乾燥器、何でも売る。それで四国中をぐるぐる回って、気がつけば丸十年。ところがこの十年一度も岡山へは戻ったことがない。息子も娘もとっくに所帯を持って家を出て行った。それでもなぜか戻れなかった。いまは景気が悪く、商いがうまくいってない。おまけに医者からは前立腺ガンの疑いがあるとか。

「バツですよ、バツ。今さら戻れませんし、戻る家もありません」

今回は、体調が良くなるまでこの宿にいるつもり。すでに二週間ほどお世話になっている。

「あれ、なんでこんな話になったんやろ、いま会うたばかりの人やのに、あんた話を聞くのがうまいねえ」

べつにぼくが尋ねたわけではない、そちらが勝手にべらべらと話しただけだ。

「あんさんと同じおへんろさん仲間やから」とおかみさんが間に入る。

「そう、わたしも『行商へんろ』ですから」

巡礼の道にはいろんなへんろがいると聞いていた。商いをしながらお参りして回る、これもおへんろなのだ。

「セールスマンで、フーテンで、それでもっておへんろで、それがこのわたし、てなことでウヘヘヘヘ」

さすがは実演販売の貝介さん、嗄れ声の口調はなめらかで抑揚があり、読経のようで聞いていて心地よかった。

心地よさがさそい水となり、ぼくは睡魔に嚙みつかれて、いつの間にか横になり肘を枕に仮死状態にあった。

後半日本が1点入れて同点になった。「ヤッター」と貝介さんの声。「よっしゃー」とおかみさんのかん高い声と手をたたく音がしてはっと目が覚めた。

翌朝、六時半にぼくは支度をして新橋旅館を出た。玄関を出ると、ガラッと二階の窓が開いて貝介さんが顔をのぞかせた。

「あのねえ、宇和島の駅前にね、宇和島ターミナルホテルちゅうのがあるから、そこのレストランの焼肉定食はバツグンやから、じゃあね」

と言って窓を閉めた。世話好きのいい人なのだ。その声にぼくは眠気がいっぺんにふっ飛んだ。

するとこんどは旅館の玄関から制服姿の女子高生がとびだしてきた。びっくりするほどの美形。はき溜めにツルとはこのこと。いろんなものがとび出してくる旅館だ。聞けばおかみさんの孫で宇和島東高校の二年。これから川向こうのバス停まで行き通学バスに乗る。ぼくは岩松川の鉄橋を女子高生と話しながら渡った。

今日は宇和島市内を経て三間町の第四十一番龍光寺をめざす。まずは貝介さんが教えてくれた宇和島駅前で焼肉定食を食べることにしよう。バツグンだと言っていた、たのしみだ。雨はすっかり上がって一面の青空。なんだか今日は朝から気分よく歩けそうな気がした。

その十一

ノーベル賞とホタルの宿

六月十三日の朝六時半、愛媛県大洲市のときわ旅館をたつ。弘法大師ゆかりの十夜ケ橋《とよがはし》を経て内子町へ。ゆるやかな峠道をひとつ越えると、ＪＲ予讃線の踏切に出る。これを渡るとすぐに内子町の町中に入る。

内子座という昔ながらの芝居小屋を通過する。観光ツアーの団体客が大勢内子座の前で写真を撮っていた。情緒にひたっている余裕などなし。こんどは右足のかかとにまたマメができたのだ。火傷と同じキーンとする痛み、左右の足に合計五つ目。

内子町のへんろみちに古い家並みがつづく。

「おへんろさんちょっと待って」

通りの後方からぼくのことを追いかけてきた婦人から、リポビタンDのお接待を受ける。納め札に名前を書き入れ、手を合わせ礼を言って手渡す。お接待をお受けすることにもだいぶ慣れてきた。婦人もぼくに手を合わせておられる、お接待は何であれうれしい。

団体客を乗せたバスが走り去っていく。通りには人が誰もいなくなりにわかに閑散となる。

どこまでも行っても内子町がつづく。古い家並みに狭められた街道。トンネルを二つほどぬける。このところ連日厳しい峠越えの道が続いたが今日はほぼ平坦な道がつづく。息をきらせることはないが、それでも歩きつづけているうちにだんだん足が重くなってくる。

内子町大瀬の小田川沿いの道、その橋のたもとにおへんろの休憩所があった。瓦屋根をのせたまだ新しい東屋。柱に「お接待所」と書かれた掛け札あり。これはありがたい。遠慮なく縁側に上がり靴を脱ぎ靴下も脱ぎ、出来たばかりのかかとのマメに針を刺す。水を抜き、マキロンを流し込みカット綿をかぶせテープでとめる。お接待にいただいたリポビタンDを一気飲み。ぼくはこういう健康ドリンクは飲まない主義でいたが、へんろに来てからは平気で飲むようになった。冷たくて気持ちがいいし、元気いっぱつ、ほんとうに元気が出るときがある。

「あんただいぶんお疲れやな」

気がつくとお婆さんがぼくの傍に立っていた。急須と湯呑みをのせた盆を両手に持っている。

「あんた甘いもんはお好きかね」と栗饅頭をいただいた。

ぼくは甘いものならなんでも好きだ。さっそくちょうだいする。

ふと見ると、この東屋の道をへだてた向かいの橋のたもとに一本の木が植わっている。なんの木だかわからないが最近植えられた若い木だ。かたわらに「ノーベル賞受賞記念植樹」と書かれた細い杭が立っている。誰だろう、しばらく思いつかなかった。

「あれはな大江の記念の木や」

お婆さんが言った。ああそうか小説家の大江健三郎のことなんだとようやくわかった。

「この辺の勉強のできる子は、みんなあ松山へ行きよるんよ、大江の子も松山へ行ったわ」

大江の子とは、大江健三郎のことを言っているのだろうか。

「この辺の勉強のできる子は、みんなあ松山へ行きよる、大江も松山へ行ったわ」

するとまたお婆さんは同じことをくりかえす。しばらくするとまた同じことを。

少々恍惚となさっておいでの様子だ。

「へえー、そうなんですか」

ぼくはその度に返事をしなくてはいけない。東屋の縁側で、できれば五分でいいから横になって休憩したかったのだがそうはいかなくなった。返事をしながら靴ひもを結び直し、礼を言ってすぐに歩き出す。

「あんた気いつけていきや」

お婆さんはぼくの後をついてくる。

「あんた気いつけてなあ」

ぼくは何度も振り返り礼を言う。

村道を行くと道筋にもうもうと吹き出す青い煙。家の玄関先で鯖を焼いている煙だ。炭火を入れた横長のこんろで竹串に刺した鯖を七匹並べて焼いている。うまそうな匂いだ、売り物なのだろう、写真を撮る。腹がぐうきゅうと鳴る。鯖焼きの店の二軒先に「大江」の表札のある家がある。格子戸のはまった品のいい玄関。ここが大江健三郎の実家なのだろうか、写真を撮り通り過ぎる。

内子町大瀬東の「来楽苦《きらく》」が今夜の宿。昨晩、大洲のときわ旅館で同宿だった修行中の若い僧Nさんと、ここでも同宿となる。兵庫県の寺のあと取り息子二十六歳、Nさんは高野山の修行僧なのだ。

「やんちゃなことをやらかしまして、一から修行のやり直しですわ」

悪びれた様子もなくけろりとしてそう言う。高野山での修行中、何をやんちゃなことをやらかしたのかわからないが、四国八十八カ所の歩き直しを命じられたのだ。

へんろ宿「来楽苦」は古い民家をそのまま活かした宿だ。五十歳くらいだろうか、主人が一人で切り盛りしている。日に焼けてがっしりした体格。女手ひとつというのは聞くが、男手ひとつの宿はそうないのでは。しかもほかに手伝いの人はだれも見かけない。何から何までまさに男手ひとつでやっている。体力もあり、よほどまめな人でないと勤まるものではない。

囲炉裏のある食堂での夕食、大皿にてんこ盛りの天ぷら盛り合わせが出てきた。サラダも、刺身の盛り合わせも山盛り。加えて、のせた皿から大きくはみ出た大ぶりカレイの唐揚。客はぼくとN僧のほか、今治から来たご夫婦のおへんろさんの四人。ご飯とみそ汁お漬け物は食べ放題。すべて主人の手によるものだ。

「うちの宿はなんの取り得もないから、せめて食事だけでもがんばらんとね」

とはいえ、この大盛りはちょっとサービス過剰、過ぎたるはなんとかの喩えもある。しかしここはともあれ主人の気持ちを受けとめるべき。ぼくは下戸で門外漢だが、N僧も今治のご夫婦も、宿の主人もいずれも酒好き、焼酎のロックで酒宴となった。うちは酒ならなんでもあるからと、泡盛、どぶろく、マッコリ、ズブロッカ、マムシ酒まで酒瓶がずらりとならぶ。

この家が主人の実家で、若い頃、木を切り出す仕事が親の稼業で手伝いをしていた。林業が廃れてからは山を下り高松へ。料理人をし、タクシー運転手もやった。二人の子供は成人して家を出た。奥さんは高知の人で、理由はわからないが不在だった。苦労人の主人、グラスの焼酎がすぐに空になる。みんなよく食うよく飲む。

「マムシ酒はわしがつくった、ちょい味見してみるか」

グラスに一杯注ぐ。グラスを回し飲み。ぼくのところへ回ってきたが匂いをかいだだけで咳きこんだ。生臭くてただちにギブアップ。

「そこの川にホタルがいっぱいおるけ、もうそろそろ出てくる頃や」

主人が話題転換、お開きとなる。今治の夫婦のおへんろがすぐに反応して、ぼくもN僧もホタルを見に行くことに。

宿の大きな懐中電灯を借りた。この宿は谷のきわに建っている。谷は狭くて深く川の音はするが谷底の川面はわずかしか見えない。川は山を下ってきて谷を流れ道路の下の暗渠にすべりこむ。懐中電灯の灯を消すと辺りはまっ暗だ。

よく見ると谷底にゆらゆらと青白い光が見える。谷底の草むらにいくつも淡い光が明滅している。ひかえめな光を灯すヘイケボタルだ。目が慣れてくると谷の上流のほうにもたくさん光っているのがわかる。

ふわりふわり一匹だけ、谷底からゆらめきながら舞い上がってくると、そのままどんどん山のほうにのぼっていくやつがいる。ゆらゆらゆらめきながら青白い光の糸をひいてどんどんのぼっていく。あいつはホタルのおへんろなのだ。がんばれへんろぼたる、どこまでものぼっていけ。

明日は久万高原町の第四十四番大宝寺をめざす。ガイドブックを見ると、この宿の先で大宝寺に向かう道が二つに分かれている。農祖峠《のうそのとう》と鶸《ひわ》田峠《たとうげ》。どちらも厳しい峠道と聞いているが、どちらを行けばよいのか、さっき夕食中にぼくは主人に尋ねてみた。農祖峠は最初はよいのだがだんだんけもの道になっていく。ときどき人が死ぬから、死ぬのがいやなら鶸田峠をいくのがよいのではということだった。

その十二

そんなこと言うなら、帰ってもらってもええですよ

三十二日目。久万高原町のへんろ宿おもご旅館を朝七時出発。第四十五番岩屋寺をめざす。今朝は右足のマメがそれほど痛くならない。皮が角質化してきたためか、或いはマメの痛みに感覚が慣れてしまったのか、顔をしかめることも少なくなってきた。

岩屋寺に至る八丁坂は二八〇〇メートルの登りがつづく修験者の道。ここは山全体が荒々しい岩の塊だ。何百年かけておへんろの足が研磨した岩の道。所々にツル

ツルに磨かれた岩が露出している。この道も「へんろころがし」だ。神峰寺でぼくは痛い目にあっているから、用心深く足場をたしかめながら行く。

いっきに八丁坂をのぼりつめると、切立った崖の稜線を縫うようにゆるやかな道が続いている。

やがて逼割禅定《せりわりぜんじょう》、穴禅定という空海の修行場の前を過ぎる。穴禅定は深い洞窟になっていて、その奥に泉が湧いている。その泉の下に岩屋寺のご本尊が沈めてあるという。ここはあの世とこの世を結ぶ入り口。不思議な言い伝えが記してある。そのことを確かめているゆとりはない。

つづら折りの急な下りの曲がり角、突然巨大な岩の不動尊が現れてドッキリ。お堂に鎮座された全身朱色のなまなましい立像。見上げると怒りの形相でじっとぼくを睨みつけておられる。そんなに睨まれてもどうすりゃいいのさ。手を合わせ通過すると、ようやく眼下に岩屋寺の屋根が見えてくる。

岩を削り崖に貼り付くようにお堂が並ぶ。岩屋寺はほかの札所とは趣きがちがう。とげとげしい岩山、その岩に刻まれた数多くの仏像。ここはこのお山全体が神秘霊

妙の力強いパワーを秘めた寺院であることを感じとることができる。

岩屋寺の本堂の前で、昨夜おもご旅館で一緒だった二人のおへんろさんと出会う。岡さんと横尾さん、どちらも六十代半ば、二人とも八丁坂ではなく下の谷の道からのぼってきていた。

ぼくが横尾さんに八丁坂のルートを通って来たことを話すと、ぜひ行ってみたいと横尾さんはさっそく裏門につづく坂道を登っていった。

岡さんとぼくは下の谷川の道へ下る。ちょうど昼時、岩屋寺を下ってすぐのところにある古岩屋の食堂で昼食にする。岡さんは焼き魚定食。ぼくはそば定食を食べる、野草のてんぷらがうまかった。

岡さんは山口県下関の人、県立高校の社会科の先生だ。区切り打ちですでに幾度か八十八カ所を歩いているという。今回は内子町から道後温泉まで行く、その途中だ。

一昨年奥さんを亡くされた。生前は二人で歩いていたが、今は予定していたへんろみちを一人で歩いている。岡さんのバッグに二冊の納経帳が収まっているのが見えた。一冊は奥さんの分だろう。

「わたしは本を読むしかなんのたのしみもない人間で」

と岡さん。

「女房も本好きで、女房と二人で同じ本を回し読みして、それでいろいろへんろの本も。本を読んでばかりじゃだめだから、行ってみなくてはと女房と出かけていたのですが、女房の具合が悪くなりまして…」

古岩屋の食堂を出て歩きながら岡さんと話した。

「こうしていましても、女房は、いまもぼくのこのとなりを歩いていましてね」

低い声で岡さんはそんなことを言った。

「長いことずっといっしょにいましたから、いまもいっしょにいます…」

またしばらくして岡さんはこんなことをおっしゃった。

「女房は生きています、人は死んでも死んでないですよね」

岡さんの声は小さくて話し方がたんたんとしていて、よく聞いていないと聞きもらしてしまう。

「人は死んでも死んでない」というのはわかる気がする。

「はあ、そうですよね」

かなしいかなぼくにはそんなふうに返事をするしか能がない。

「ところで…」と岡さんが本の話をした。岡さんが読んだというへんろの本を、ぼくもおなじものを読んでいたので、

「あの本は、通り一遍で、どうも味気なくて期待していたものとは少々ちがっていました」

そうこたえると、

「そうなんですよ、あの作者は新聞社のコラムニストなのに、なぜへんろをあんなふうに美化することでしか書けないのか、あの人は、へんろの宗教性をまったくわかっていないのですよ、かならず人の痛みや悲しみとともに祈りがあるはずなのに、そのことが何も書かれていない、おっしゃるように通り一遍で中身がなくてね、本代を返せみたいな話ですよ」

ぼくもへんろの宗教性がわかっているわけではないので、即座に相づちを打ちづ

らかったが、それでも岡さんとだいたい感想が同じのようだった。

「そもそもへんろを書いたもので面白く読ませるものにお目にかかったことがありません」

「では、岡さんご自身が書かれるしかないですねえ」

「ええ、残りの人生をへんろについて書いてみようかなと思っていますけどね」

岡さんとはもっとながく話をしていたかったが、あっという間に峠御堂《とうげみどう》のトンネルの手前まで来ていた。今夜、おもご旅館にもう一泊するというので岡さんとはここでお別れ。大宝寺につづく左の山道をのぼって行ってしまった。

ぼくはまっすぐ峠御堂トンネルをくぐる。入れ替わりに八丁坂を下ってきた横尾さんとばったり合流。かなり早い戻りだ。

今度は横尾さんといっしょに歩く。ところが横尾さんとはとてもいっしょには歩けない。並みの歩行速度ではないからだ。聞けば、かつて某家電メーカー所属の駅伝ランナー。はるか昔にリタイヤしているとはいえ、元は歴とした実業団のプロのランナーなのだ。膝下までのズボンの下から細くひきしまった足がのぞく。光沢のある褐色の超合金のようだ。この足が軽快にすたすた動く。横尾さんの普通の歩く速度は、ぼくの駆け足とほぼ同じだ。それにぼくはすぐにへこたれて休みたくなるから。話をしながらいっしょに歩くことは出来ない。

それでぼくは今夜、三坂峠のへんろ宿に泊まりますから、よかったらそこで落ちあうことにしてと、先に行ってもらうことにした。

今夜の宿は石楠花庵《しゃくなげあん》という宿。横尾さんとは宿の手前のバス停小屋で再び落ちあった。

風雅な屋号にはそぐわない簡素な建物。四十代前半の主人が男一人で切り盛りしている。

玄関を入ると宿の板壁に貼り紙が何枚も貼ってある。大きな墨文字で、

『廊下は音を立てずに静かに歩く』

『食事のとき飲食物の持込み一切禁止！』

『食事中は大声で話さない！』

ほかにもいろいろこまごまと。この宿でのきまりごとだろうが、それにしても

少々堅苦しい。学校の注意書きじゃあるまいし。

今夜の泊まり客はぼくと横尾さんの二人だけ。夕食時、食堂で主人と雑談をした。京都府の出身で独身。なつかしい関西弁で気安さをおぼえた。刺身の盛り合わせと野菜の天ぷら、横尾さんはビールを一本注文した。お膳に並んだものをおいしくいただいた。主人が、甲斐甲斐しくご飯とみそ汁のおかわりに応じてくれた。

三坂峠から道後温泉までのへんろみちの説明も細かくしてくれる上に、明日の弁当を用意しておくから、朝、必ず忘れず持っていってほしいと、至れり尽くせりだった。

「最近、おへんろさんのレベルが下がってきましたよ」

主人の声の調子が急に変わった。主人の話をまとめるとこうだ。

今年の四月に、三人のへんろが石楠花庵にやってきた。今夜と同じように夕食の時、その内の一人が食堂のお膳に缶ビールを持ってきて飲み出した。

「ちょっと待ってくださいお客さん」と主人がとがめる。

「ここは宿の夕食の席、持ち込みのビールは困りますよ」

するととがめられた客が憤然として、

「自分で買ってきたビールを飲んで、何が悪いのだ」

と開き直る。これを聞いた主人が怒りをあらわにする。

「それじゃお客さん聞きますが、銀座や赤坂のお店で持ち込んだビールを店の中でぐいぐい飲めますか」

主人はそう言い放った。主人のほうがスジが通っている。するとお客は不心得に気づいたのか黙ってしまった。さらに主人が追い撃ちをかける。

「お客さんもおへんろさんやったら、それくらいのこと心得てもらわんと、そんな簡単な理屈が解らんようやったら、帰ってもらってもええですよ」

ぼくたちに話すその折の再現の口調も語気荒く、だんだん熱を帯びて大声になっていく。

ぼくは主人の声に、夕食を食った気がしなくなっていた。横尾さんもいよいよビールを飲み終え、お酒にしようかなとしていたがグラスを持つ手が止まった。

主人とお客のやり取りで主人には落ち度はない。悪いのは開き直ったお客のほうだ。その通りには違いないが、そこまで言うのかなと思うのだ。よほど頭にきたのだろうが、こういう人に下手な口出しは無用。

「そんなこと言うなら、帰ってもらってもええですよ」

などとぼくの方に飛び火したら一大事だ。困るどころではない、ここは山中の一軒宿。ほかに泊まるところなどないのだ。早々に部屋に引き上げ寝ることにした。

翌朝、支払いを済ませ弁当を受け取ると石楠花庵を出発、三坂峠を下り松山に向かう。

ここが八十八カ所へんろみちのほぼ中間点。澄みきった空気、冷えた微風、雨あがりのまっ白な雲の隙間から青空がのぞいている。三坂峠のながい下り坂、横尾さんがぼくのおそい足にあわせて先導してくれる。

「いやーゆうべは緊張した、あのオヤジ、『帰ってもらってもええですよ』って、いつ言われるかひやひやものだったよ」

横尾さんが言った。

「食事中大声で話すなって貼り紙しておいて、自分がでかい声出してましたよねえ」とぼく。

「そうそう、でかい声だったよねえあのオヤジ」と横尾さん。

「横尾さん！　そんなこと言うなら帰ってもらってもええですよ」

ぼくが主人の口調を真似てそう言うと、

「ひゃー、おっかねえ、かんにんやー」

風変わりな宿の主人のおかげで横尾さんとぼくはたちまち親しくなれた。第四十六番浄瑠璃寺まで、宿の主人の口まねなどしながら三坂峠を転がるように下って行った。

その十三

みんなで明るく死にましょう

三坂峠の急坂を下り終えると、道はゆるやかな里の道になる。しかしここで途中までいっしょだった横尾さんの姿を見失ってしまった。ぐんぐん先に進んでいってあっというまに見えなくなっていた。あの人の歩く早さは尋常ではない。かつての駅伝ランナー、並んでいっしょに歩くことなどとてもできない。気を使ってぼくの足の運びに合わせてゆっくり歩くことも、横尾さんにとってはかえって疲れるのだろう。

第四十六番浄瑠璃寺で大勢のへんろの団体に会った。本堂と大師堂の二堂をお参りしたあと納経所へ行く。ところが前に団体がいると納経にやたらと時間がかかってしまう。納経所の人は一冊ずつ納経帳のページにていねいに筆で寺社名を書き、御朱印を押す。ここでもすでに窓口には納経帳が山積みされている。しかたなく待つことにしたが、境内のベンチにも山門の脇の石垣にも人が腰を下ろしていて、ぼくの休む場所はどこにもない。しかたなく山門を出たところにある木の根っこにようやく腰を下ろすことができた。

「おへんろさん、歩きですか」

と声をかけてくる男の人がいた。女性ふたりと男性が一人。「はい」と返事すると、

「たいへんね、ずっと歩いておられるの」

背の高いほっそりした女性がぼくにたずねる。三人とも年輩者に見えるが、もしかしたらぼくと同じくらいかも知れない。

「ええ、歩いてます」とこたえる。

「どちらから」

「埼玉からです」

「それで何日目くらい？」ともうひとりの小柄なふっくらした女性がたずねる。女性は二人ともつばのある白い大きな帽子をかぶり白衣を着てさんや袋を斜めに肩にかけている。

「ええっと、きょうはいったい何日でしょうか」

ぼくはわからなくなってきている。日にちの感覚が怪しくなってきているのだ。

「きょうは六月十六日ですけど」

「先月の十二日に一番を出ましたから、ということはええと」

「ということはそろそろひと月ということになるのね、あら、たいへんね」

背の高い女性がそんなふうに言う。

「このあとわたしら、文殊院へ行くことになってます、衛門三郎のことは知っているでしょう」

男の人がそばでぼそぼそとつぶやくような声でそう言った。男の人は白髪まじりのスポーツ刈りで、黒のTシャツの上に白衣を着て、最新のキャノンのカメラを肩からぶらさげている。

「ええ」とこたえたが、衛門三郎の名前は聞いたことがあるが、よくわかっていたわけではない。

「わたしたちね何回もバスのへんろで回ってますの、今回はねオリジナルコースで来てますのよ」

背の高い女性がそう言った。最近はツアーにもいろんな工夫があって、お客さんからの要望をとり入れて、行き先を自由に組めるバスツアーがあるそうだ。ようやく団体の納経が終わった。気の利いた納経所では、歩きのへんろを優先的に記入してくれるところもある。ここはそうではなかった。

大手旅行会社のバスへんろではすごいことになっている。案内の先達さんとコーディネイターと呼ばれる世話係がいて、まずバスの中で参加者の納経帳をいっせいに集める。納経帳を大きなスポーツバッグにどっさり詰め込み、札所の駐車場に到着するや、バッグを肩に一目散に納経所めざしもうれつダッシュする。その間に先達さんとおへんろさん一行は、二堂の前で灯明をともし線香を上げお経を唱える。三つくらいの団体がひとつの札所でバッティングするとたいへんである。唱えている般若心経がごちゃまぜになり、自分がいまどこを読んでいたのかわからなくなってしまう。すさまじい大合唱。ぼくはお堂から遠く離れて唱えなくてはならない。

「うやうやしくみ仏を礼拝したてまつる」

どの団体も、それでもひと通りのことは作法をまもって行っている。お大師さまもたいへんである、毎日これだけたくさんの人の願いをうけとめなくてはならないのだから。

それぞれの札所にはいろんな由緒来歴がある。立札やパンフレットに詳しく書いてあるが、ぼくはその前に足をとめて読んでみようという気にはなかなかなれない。興味がないわけではもちろんない、読みたい気持ちはあってもその場にじっと立ち止まっていることがつらいのだ。

浄瑠璃寺からそう遠くないところに第四十七番八坂寺がある。そのすぐ近くに、文殊院という番外霊場がある。さっき男の人が言っていた衛門三郎ゆかりの地だ。

足はたまらないほどつらかったが立ち止まり八坂寺にあったパンフレットを読むことにした。

それはあまりにもドラマティックで奇妙な逸話だった。簡略に読みすすめるとこうなる。

――松山道後温泉から約十二キロ手前、伊予の国恵原《えばら》、この地はこう呼ばれていた。この地の長者で衛門三郎という人がいた。衛門三郎は不人情で欲ぼけ、地元の民からは反感しかかわない者だった。

八二四年に弘法大師がこの地を訪ねてくる。その時ひとりの子供が弘法大師のまえに現れてこう言った。

「この地にどうしようもなく強欲で罪深い者がおります、どうか改心させていただきとうございます」

その子供はそう言うとすっと姿をくらましてしまう。強欲で罪深い者とは衛門三郎のことだ。するといきなり豪雨になり弘法大師は近くの寺に引き上げていった。その寺は徳盛寺と言ったが後にここ文殊院となる。そして本堂でお経を唱えていると、文殊菩薩がふと目の前に現れた。先ほどの子供は文殊菩薩の化身で、自分を導き教えをいただいたのだと弘法大師はさとられた。

それから托鉢の修行を七日間行い、衛門三郎の屋敷を数回おとずれたのだがいずれも追い返された。またある日托鉢に行くと、衛門三郎が竹箒を手に現れて、

「たびたびおれの家に来ているが、お前は何者だ。うるさくすると容赦しないぞ」

といきなり竹箒で弘法大師を叩いたのだ。弘法大師が手にしていた鉄鉢がバンと割れて八つの破片になって飛び散った。そしてその破片は光を放ちながら空に舞い上がり、はるか丘の方に飛び去ってしまったのだ。弘法大師は不思議に思い丘に登ってみると、丘の上には八つの窪みができていて、その窪みからは水が湧き出ていたという。この湧き水は、八窪弘法大師御加持水としていまも涸れることなく文殊院の境内から湧き出ている。

その日から衛門三郎に奇怪なことが続けさまに起こる。衛門三郎には男の子五人と女の子三人がいたが、弘法大師を叩いたその翌日、長男が急な発熱により亡くなってしまう。その後八日間の間に七人の子供がつぎつぎに死んでいったのだ。

衛門三郎は毎日泣き暮らした。弘法大師は亡くなった子供たちを不憫に思い、丘の麓へ行き杖で大地をつくと、土が空高く舞い上がり、その夜のうちに子供たちの墓の上に舞い降りたという。このお墓は八塚と呼ばれ、いまも文殊院の近くに残されている。

ようやく衛門三郎は托鉢の僧が弘法大師であることを知る。それからというもの自らの罪を悔い子供たちのお位牌のまえで手を合わせる。

「お大師さまにお会いして罪をゆるしていただくまではここに帰ってはこない」

衛門三郎の決心は固かった。妻と水盃をかわしそのまま旅立っていったのだ。徳盛寺に弘法大師を訪ねたがすでに姿はなかった。白衣に手っ甲脚絆、魔除けのすげ笠、右手に金剛杖。この時の衛門三郎の姿は現在のへんろ衣装とほぼ変わらないといわれる。

それから八年が経った。衛門三郎は四国を二十周回ったが弘法大師に会うことはできなかった。八三二年、阿波の国焼山寺の麓でとうとう衛門三郎は倒れてしまう。すると死を目の前にした衛門三郎の前に弘法大師が姿をお見せになる。

「よくここまで来た、貴殿のいままでの罪は消えてなくなった、最後に願いごとがあるならば一つだけ叶えてあげよう」

そうおっしゃった。衛門三郎にとってこれほどありがたく思えたことはなかった。

「それでは申し上げます、できるならば故郷伊予の国の領主、河野さまのご嫡男として生まれ変わらせていただきとうございます」

衛門三郎はそうお願いをする。すると弘法大師はすべてのことを察せられ「衛門三郎再来」と小石に書き、これを衛門三郎の手に握らせたのだった。衛門三郎はやがて息を引きとる。弘法大師は衛門三郎が持っていた金剛杖を墓に上下逆さに差す。金剛杖は卒塔婆の意味をもつ。この杖からやがて芽が出て杉の大木に育った。（本編その二、焼山寺のくだり、途中に杖杉庵《じょうさんあん》というお堂が出てくる）この杉の巨木はその二代目であるといわれている。

伊予の国の領主、河野伊予守左右衛門介越智《おち》息利《おきとし》に、その後玉のような男の子が誕生する。奇妙なことにその子の片手は握りしめたまま開かない。その子が三歳の春のこと、花見の席で伊予守が文殊院の方角に手をあわせ南無大師遍照金剛を三べん唱えると、開かなかった子息の手がぱっと開いた。手のひらから小さな石の玉がころがり落ちる。「衛門三郎再来」なんとその石にはそう記されているではないか。驚いた伊予守は、その不思議な石を持って安養寺へ。石は丁重に扱われ当寺にて大切に保管される。その後安養寺の名も石手寺と改めることとなった。松山道後温泉の第五十一番石手寺のことだ。

弘法大師と衛門三郎の由来は万人の知るところとなる。成長した嫡男は衛門三郎の話を聞き、以来民百姓のため誉れ高い領主としてまつりごとを行ったといわれている。——

お四国へんろの嚆矢はかくの如くでありますが、お粗末ながらぼくがこの逸話を知ったのはほんの先ほど、第四十七番八坂寺でのことでありました。

それでこの後、ぼくは文殊院の境内で、またもや先ほどの三人組と再会することとなった。ぼくが文殊院に到着した頃、彼らはすでに本堂の前でお経を唱えていた。同じツアーの人がほかに十五名ほど、慣れたものでお経の唱え方にも抑揚があり堂にいったものだった。

「ようやくここへ来れました、今回は浄瑠璃寺と八坂寺と文殊院、みんなで話し合ってね衛門三郎の跡を訪ねようと、来れてよかったわ」

背の高い女性が祈るようにそう言った。

「わたしたちね、あなたみたいにひとりで自由にひょこひょこ出かけられないのよね」

ふっくらした女性がぼくを下から見上げてそう言った。ぼくは別に自由にひょこひょこ出かけて来たわけではない。それなりの理由はあるのだが、女性から見たらひょこひょこ何の苦もない人間に見えるのだろう。

「わたしら病院なかまでね、みんなで動けば怖くないで、グループでいろんなとこへ行くんですよ、四国八十八カ所も半分くらい回ったことになります」

男の人がそう言った。静岡県浜松から来た、私立病院のケア病棟の入所者グループなのだ。ケア病棟とはホスピスのことだ。

「わたしらもうすぐ死にますのよ、でもね暗くなったらだめなの」

背の高い女性がそう言った。ハリのあるよく通る声、とてもケア病棟の入所者とは思えない。

「そう、いろいろ愉しんで、みんなで明るく死にましょう、というのが主旨なんですのよウフフフ」

ふっくらした女性がそんなことを言った。どこも悪いところがない健康そのものにしか見えないのだが。

「それはいいですね、みんなで明るく死ねたら」

おっと、またぼくはよけいなこと言ってしまった、と後悔した。でもこの人たちの前だったらなんだって許される気がしたのだ。男の人がぼくをはさんで女性たちの写真を撮った。

午後一時を過ぎた。文殊院の境内にいたツアーの人たちが、いっせいに引き上げていく。三人組の話し声もしだいに遠ざかり、やがて人の姿が消え、空から深閑とした静けさが降りてきた。一二〇〇年前と同じ静けさ。南無大師遍照金剛を三べん唱え、へんろ第一号の衛門三郎に手を合わせ文殊院を去った。

その十四

さらば、えひめトラックステーション

第六十番横峰寺は愛媛一の難所。西条市小松町から歩き始めたが小降りの雨が山の登り口にさしかかる頃には本降りになった。横峰寺の後背には四国第一の霊峰石鎚山がそびえ、雲間に白くうっすらと見え隠れする。

つづら折りの急な登り。角々にはへんろ墓が点在する。横峰寺本堂、大師堂へお参りし坂を下る。

横峰は登りより下りがきついと聞いていた。鉄砲水が削りとった荒れた山道。雨が山つちを押し流し残った岩石が露出し、折れた木の枝がその上に散乱する。枯れ枝の表面は雨に濡れて滑りやすく歩きづらい。おへんろ以外にこの道を行き来する人は少ないのだろう。辟易するほどどこまでもつづく下りの山道、聞いていた通りだった。足先に重心がかかるからまたも指先にマメができそうだ。いやもう出来ているだろう。

やっとのことで下り終え舗装路に出たあたりに、白滝奥ノ院という修行場があった。側道の矢印に従って谷に下りてみる。巨岩が織りなす荒々しい修行場。人は誰もいない。谷を塞ぐ大きな岩の上に青銅の不動明王像がある。その足もとから滝がいきおいよく流れ落ちている。流れおちる水の両側に二童子像が立っている。一人は合掌し、もう一人は剣を振りかざしている。周りの自然と一体化し、いまにも動きだしそうなリアルな像、不気味な気配だ。ここは第六十一番香園寺の奥の院。ということは本院が近いということになる。

香園寺を経て、その日は西条市伊予小松の第六十二番宝寿寺近くの小松旅館に宿泊。

翌日、西条市、新居浜市を経て、四国中央市へと続くほぼまっすぐな道を行く。製紙工場の煙突が林立する退屈な道。工場の背後に瀬戸内の海が鈍く輝いている。国道11号線沿いに今夜の宿が見えてきた。二階建ての屋上に「えひめトラックステーション」の縦長の看板。広々とした駐車場には大型トラックが五台停車している。ここもへんろ宿、素泊り二、七〇〇円。二階に四部屋の宿泊室がある。今夜の泊り客はどうやらぼく一人。

一階に食堂があり券売機で食券を買い魚フライ定食を注文。食堂の主人は一人でやっていて、この宿の支配人でもある。気さくな人柄。しかし八時の食堂閉店とともに支配人は自宅に帰ってしまうというのだ。すなわちこの宿に残る人は誰もいなくなる。今夜はこの宿にぼく一人だけ。どうして宿の人が誰もいなくなるのか尋ねてみた。「人手をかけられないからです」という返事。そんなそっけない宿があるのだろうか。寝る前に玄関のロックを忘れずに、朝は適当に出て行ってほしいと主人が申し分けなさそうにいう。

トラックステーションにトラックドライバーの宿泊者は一名もなし。宿に二、七〇〇円払っていては経費がかかるばかり、採算が合わない。ドライバーはそれぞれトラックの中で眠るのだ。

景気のいい時代、二十人泊まれる二段ベッドのある部屋はつねに満室で、五人の従業員が二十四時間交代で大忙しだった。支配人の話では、えひめトラックステーションは今年九月末をもって閉鎖になる。売却され施設そのものがなくなる。世知辛い世の中、トラックドライバーが誰も泊まらなくなったトラックステーションは消滅していくしかないのだ。へんろ宿を兼ねていても、たまにしかやって来ない気まぐれなおへんろなどあてになどできない。

食堂のとなりにコイン式シャワー室がある。三〇〇円で十五分間お湯が出る。入り口に椅子とテーブルを並べたせまいロビーがある。ぼくがシャワー室から出てくると、ドライバーが三人、椅子に腰かけて缶ビールを飲んでいた。

ぼくのシャワー時間が三分ほどで、残り十二分も余っている。もったいないからだれかシャワーを使わないかと声をかけてみた。

「それじゃあ」とドライバーが一人、シャワー室にかけこんだ。その間、二人のド

えひめ
トラックステーシ

ライバーと話した。一人は神奈川県座間市から松山へ向かう途中。明日は松山から今治のしまなみ海道を経由して九州熊本まで戻る。熊本には午前中に着くという。もう一人は松山から鳴門へ、明朝神戸を経由して富山、新潟方面に向かう、深夜三時にはここを出発していくという。

「さっぱりした」そんな話の途中、わずか二分ほどで一人がシャワー終了。次のドライバーがシャワー室に入っていく。この調子なら、たまたま居合わせたぼくを入れて四人が十五分以内に全員シャワーができる。

「どうもありがとうございました」ていねいに礼を言ってドライバーが一人トラックにもどっていく。

お呼びでないへんろがトラックステーションで食事をしてシャワーを浴びて宿泊して贅沢三昧していたらバチが当たる。せめてものシャワーのお接待。

翌朝五時半、ぼくはこの宿を出発。さらばえひめトラックステーション、これが見納め。

今朝は体が重くてだるい。ゆうべ部屋のエアコンをつけっぱなしのまま、風をダイレクトに体に浴びて眠ってしまった。風邪をひいたのだろうか。ほらね、さっそくバチがあたったのだ。

どこまで歩けるかわからない。場合によっては細かくきざんで伊予三島あたりで一泊というのも一案だ。まあそれでもいいか、成りゆきまかせ風まかせ、行ける所まで行こう。思い切って民宿岡田に電話を入れる。民宿岡田は愛媛と徳島の県境にある。第六十六番雲辺寺の麓にある宿はここしかない。

「みなさん来ているから、ゆっくり来ればだいじょうぶ」

民宿岡田の主人の電話の声にはげまされ元気が出てきた。

えひめトラックステーションから約一九キロ、第六十五番三角寺を打つ。かなりきつい登り。予想以上の大汗、ノドの渇き、ちぎれそうな足の痛み、三角寺で今日の体力の大半を使いはたす。横になって休みたい衝動、ポカリスエットの一気飲みでごまかす。途中、常福寺・椿堂にお参りし、午後五時、境目トンネルを抜けようやく民宿岡田に到着。境目トンネルは、伊予愛媛と阿波徳島の国境をつらぬく長いトンネル。排気ガス充満しタオルを口にあて一気呵成にくぐりぬけた。

夕食時、主人の話に聞き入った。明朝の雲辺寺越えのルートについて、主人手製の地図は細かく丁寧。この道もけっこうな難所。同宿のへんろたちは神妙に聞き入っていた。

その後の雑談の中で、どのような話の流れなのか、

「十六歳のときに広島市内で被爆しましてね」

とふと漏らす主人の声が小さく聞こえた。

「それで今ごろガンでねえ」

と宿泊者と話す声がさらりと聞こえた。ぼくが直接聞いていたわけではなかったので、それ以上のことはわからなかった。

廊下のすみのテーブルに、自由になんでも書き込める「なんでも帳」が置いてある。ふつうの大学ノートだが、何年も前からのものがズラリとある。ここの主人は、どんな人のものでもしっかりと読み返事を書き送っている。宿泊者の中には主人と話がしたくてわざわざここに来る人もある。誰にでも親身に話を聞いてくれる人のようだ。

壁には全国からここにやって来た人の写真やはがきが所せましと貼ってある。その中に、「民宿岡田は寺よりも寺らしく、主人は僧よりも僧らしい、そんな主人に救われた」と書かれたはがきが目にとまった。へんろみちにはこういう徳の厚い人物がいるのだ。主人にはいつまでもここにいて人の話を聞いてもらいたいものだ。

後日、観音寺の旅館の人から聞いたのだが、民宿岡田の奥さんは今年二月に亡くなられているらしかった。そう言えば奥さんの姿は見かけなかったが、その奥さんは、ご主人を上回るほどのよく出来た人だったという。

ぼくの場合民宿岡田でうれしかったのはトイレだ。足の痛みに痔の気が加わり、和式トイレに容易に屈み込むことができなくなっていた。和式には何度も往生させられた。どうせこの宿も和式に違いないだろうと扉を開けると、なんとウォシュレット付洋式トイレ。後光がさしているように見えたのは大げさではなくほんとうのことだ。

翌朝、民宿岡田を出発する時に、玄関脇の伝言用ボードに「山中にウォシュレットありありがたし（字アマリ）」と書いた。見送りに出てきた主人が見て笑っていた。

第六十六番雲辺寺は、その名の通り雲の中だった。ここも難所のひとつだが、昨夜の主人のガイドに従って山道をたどった。覚悟していたほどのきつさはなかった。山頂の五百羅漢を写真に撮り山を下る。

その十五

ウラの稼業はへんろ宿

香川県観音寺市の宿若松屋本館を朝七時出発。第七十番本山寺を打ち終え、山門を出た所で風変わりな老人と出会った。

「おだいっさんおはようございます」

向こうから近づいてきた。第七十一番弥谷寺まで道案内をさせていただきたいという。

ほとんどの場合「おへんろさん」だが、たまにぼくのことを「おだいっさん」と呼ぶ人がいる。

すげ笠に「同行二人《どうぎょうににん》」と墨書きがあるのは、へんろは弘法大師と二人連れだという意味だ。だから呼び方は「おへんろさん」でも「おだいっさん」でもどちらでもよいことになる。とは言えこちらには「おだいっさん」と呼ばれるおぼえはさらさらない。そう呼ばれるたびにぼくの足のウラがこそばゆくなるのでした。

「道はわかりますからけっこうです」

断ったが、それでもついてくる。

胸板の厚いがっしりとした体格、日に焼けた顔、はげ頭に野球帽をかぶっている。国道11号線をほぼ真北に向けて歩く。

「おだいっさん、寄り道させて悪いがぜひこれだけは見て行ってもらいたい」と言って、三豊市高瀬町の辺りで急に右の脇道へ。どんどん国道から逸れていく。しばらく行くと、築地の塀をめぐらせた屋敷の前へ。ここは天皇家に縁のある方のご実家で、県内随一のお屋敷であるという。老人はその由緒をこと細かに聞かせてくれるのだが、ぼくにはまったく興味も関心もない。それより元の道に戻り先を急がなくては。

結局、国道沿いのスーパーマルヨシでおにぎりとお茶を買い昼食。老人にはぼくがお接待をするはめになった。

老人は八十歳、松下と名乗った。うまそうにおにぎりを頬張る。元海の男だと言う。戦後、貨物船に乗りアメリカ、カナダへ行った。サンフランシスコ、シアトル、バンクーバー。地元のバルクヘッド（船底作業員）とどつきあいの喧嘩をしたが一回も負けたことがなかった。奴らはカラがでかくてとにかく腕や上半身はつよいが、長い足がじゃまをして動きがにぶい。先に足にけりを入れて動けなくしておいてから、あとはゆっくり料理する。ともかく話が痛快だった。人の話というのは半信半疑であっても面白ければおしまいまで聞いてみるべきだ。この人には邪心も下心もない。すなわちヒマつぶしと情け心によるものだとわかってきた。

それにしてもおしゃべりが達者で、ぼくと並んで歩きながらずっとしゃべっているが息が切れない。さすがは海の男、本山寺から約十二キロ、途中寄り道をして時間を食ったが、とうとう弥谷寺《いやだにじ》にまで来てしまった。

第七十一番弥谷寺の長い石段を登る。岩の絶壁に掘り出されたいくつかの磨崖仏。同じく岩に貼り付くように建てられたお堂。ここも霊妙さに富むお寺であることがわかる。松下さんは本堂で何ごとか長々と拝んでいた。お堂の中で拝む松下さんの静かな横顔がロウソクの火に揺れて高僧のようにも見えた。

境内に俳句茶屋という茶店のある風情のある古刹。松下さんとは弥谷寺の山門前でお別れをした。

「今日、あなたさんにお会いできて本当によかった、ありがとうございました」

松下さんはぼくに手を合わせ何度も深々と頭を下げていた。

松下さんのことはこれきりでどういう人で、なぜ長い距離をぼくといっしょに歩いて来たのか、ついに何もわからないままだった。そのことを尋ねてみる気などなかった。世の中は、わからないことだらけ、何もわからないままでいいのだ。へんろみちにはいろんな思いを抱えた人がたくさんいるということだ。

ぼくはその先を急いだが、第七十二番曼陀羅寺を打った所で、時間切れになり途中の札所を明日にまわし、今夜泊まる第七十五番善通寺へ急いだ。宿坊は五時までに入らないと断られることがあるからだ。善通寺は八十八カ所最大の大伽藍をようする寺院だ。宿坊で、三坂峠でいっしょだった横尾さんと再会した。駅伝ランナーのあの横尾さんだが、あの後石鎚山にも登頂しここまで来たという、さすがだ。

翌朝、昨日時間切れになり打てなかった第七十三番出釈迦寺《しゅっしゃかじ》まで戻る。讃岐平野のへんろみち、香川県のおだやかな田園が広がる。遠くに讃岐富士が見える。ああ、ようやくこんなところまで来れたのだと思う。これまでのけわしい峠道や向かい風の海の道が、今ではウソみたいで懐かしくさえ思える。このまま西風に背中を押されながらどこまでも歩いて行けそうな気がする。

丸亀、坂出両市のアーケードのある長い商店街もへんろみちの一部だ。商店の八割以上が店舗閉鎖、シャッター通りになっている。

第七十九番高照院近くのホテル・モンシェリーへ。郊外のビジネスホテルを想像していたがラブホテル。支配人はへんろ姿のぼくが一人で入って来たのを見ても驚きもしない。ここもへんろ宿なのかと支配人にたずねると、

「はい、ウラの稼業でへんろ宿をやっとります」という。

「いろんな声の聞こえない部屋にしてほしい」と注文すると、長い廊下のいちばん奥の部屋に案内された。

夕食は出ないと聞いていたのでコンビニのおにぎり持参で来た。ところが部屋に入るとすぐに支配人がやってきて、ドア横の小さな窓を開けた。サンドイッチは通常の軽食サービス。それからこれはお接待ですと、太巻き寿司が一本大皿にのって出てきた。部屋にボタン式の給水器があり、冷たい水と熱いお茶は飲み放題。冷蔵庫にはビールも冷酒もなんでもある。太巻き寿司だけで満腹になった。大の字になれるダブルベッド。もちろんウォシュレット付きトイレ。泡の吹き出るジェットバスは圧巻で気持ちがよくて長々と入った。これで一泊三、七〇〇円。どちらのへんろ宿も、みんなこれと同じようにしてくれたらありがたいのだが。

しかし妙な気がする。ウラの稼業でラブホテルをやっているというのなら聞いた気がするが、ウラの稼業がへんろ宿とは。ならばもう一度ひっくり返していっそオモテの稼業にしてしまえばと思うのだが。そうは烏賊の金なんとかなのだろう。

翌朝、ホテルを出る時に支配人が「そのへんで飲んでください」とオロナミンC

同行二人

を二本手渡しお接待してくれた。気のいい支配人だった。昨夜は花金だからさぞ満室だろうと思ったが、駐車場には車が二台のみ。へんろはぼく一人。この分ではウラもオモテも共に維持していけないのではと気がかりになりつつ坂道を下った。

その十六

結願、母に会う

あずまや旅館は第八十七番長尾寺門前にある古いへんろ宿。

「こちらは忘れられない宿になりました」

その朝、ぼくは出発する前にあずまや旅館の玄関先でおかみさんにそう言った。

「あら、夕べは遅くまでやかましくて眠れなかったでしょ、ごめんなさいね」とおかみさん。昨晩、この宿の亡くなったご主人の法要があり、親戚縁者と子供たちが集い夜遅くまで騒いでいた。そのことを気づかってそう言ったのだ。

「いいえ、夜明けに母親の夢を見ましてね」とぼく。

「あら、まあまあそれはそうでしたの」

おかみさんが言った。

「死んで二十一年たつのですが、夢に一度も見たことがなかったのですが、それがこの宿で」

「あら、まあ、うーん、そうですか」

「母親と長々といろんな話をしたのですが、目が覚めたら何を話したのかすっかり覚えてないのですよ」

「でも、あなたそれはよかったわ、うちは仏性の厚い宿と言われてますのよ」

おかみさんは門前の道の角までぼくを見送ってくれた。

今朝も雨。白衣をレインウェアに着替え、いよいよ第八十八番大窪寺へ。前山ダムの人造湖沿いにおへんろ交流サロン館がある。ここで「お四国八十八カ所遍路大使任命書」という歩きへんろの結願を証明する「証書」と記念バッジをいただいた。

大窪寺を目前に女体山が立ち塞がる。岩山に下ろされた鎖につかまり崖をよじ登

へんろみち

る。ここも難所のへんろころがしだ。最後の最後まで気がぬけない。数多のへんろの足に磨かれ、足場となる岩がつるつる滑る。雨に濡れてなおさら滑る。たちまち息が上がる。

この峠を越えればいよいよ結願。四十八日間のへんろみちが終わる。おかしなものだ、毎日あれほど願い続けてきたのに、まもなく終わってしまうとなると、急いで結願してしまうのがもったいなく思えてくる。もうしばらくへんろみちを歩いていたくなった。

ようやく女体山の峠を越えると、少し遠回りにはなるが迂回して大窪寺に通じる林道を行く。バラバラと大粒の雨がすげ笠を叩く。レインウェアもズボンもとっくにびしょ濡れだ。びしょ濡れになろうが泥だらけになろうが平気だ。何しろあと少しすればこのへんろ旅の結願なのだ。谷の方から白い霧が湧き上がり目の前の道を覆う。曲がりくねった林道に木々のトンネルが続く、風が木の葉をゆらし銀の雫がきらめいて飛び散る。

ぼくはなぜへんろに来たのだろう。還暦を過ぎ、事業を終わりにし、人生にひと区切りをつけるためだと、今まではそう思うことにしていた。しかし今朝、まったく違う答えを見つけた。
母と夢の中で再会したのだ。今まで母の夢を見たことはなかった。昨夜、あずまや旅館で夢の中に母が現れた。紺色のコートを着て花柄の襟巻きをしていた。長々と話をしたのだが、ぼくが何をたずねたのか母は何とこたえたのか、目が覚めたら何ひとつ覚えていなかった。でもぼくは確かに母の顔を見て話をしたのだった。

足先のマメの痛みは
すっかり消えていた
体重一〇キロ減
マメ十七個
納経帳の八十七の御朱印
短くなった金剛杖
今なのだ

一秒一秒がいのちなのだ
白いもやにかすむ林道の先に
結願の寺第八十八番大窪寺が見えてきた。

（結）

あとがき

四国八十八カ所のへんろ道で、なにより驚いたのは「お接待」でした。「お接待」ということばは知っていたが、当初はその意味をぼくはまったくわかっていなかった。

○高知県安芸市の道で息を弾ませ走ってきてオロナミンCを手渡してくれた婦人。家の中にいて道を行くぼくを見て、とっさに冷蔵庫にあったオロナミンCを手に追いかけてきた。ぼくにとってはじめてのお接待。ぼくはふだんから栄養ドリンクを飲まないようにしているので「けっこうです」とお断りした。「それは困ります、受け取ってくださらないと」と婦人は困ってしまわれた。

○徳島県美波町、木岐《きき》小学校の校門前にしゃがみ、ぼくに手招きをするお婆さん。

近づくと、五円玉十枚をビニール袋に入れたものを、ぼくに手渡そうとする。この時、お婆さんの後ろには二人の婦人が立っていてこの様子を見ておられた。

「すみませんお金は受け取れません」

ぼくはとっさにこばんだ。すると後ろにいた婦人の一人が、「おへんろさん、それはだめです」と、ぼくに近寄ってくる。顔を赤らめて明らかに怒っている。

婦人はこう言った。お婆さんは九十七歳。五円玉を集め、毎日おへんろさんにお接待をしている。仏さまとのご縁がありますようにと祈りを込めた五円玉。お婆さんにとって五円玉はお金ではありません、生きていることのこころのよすがなのです。それを断るなんて、あなたみたいなおへんろさんは見たことがない、とさんざん叱られた。

○さらに悪いことに、ぼくはこの時までお接待に作法のあることをわかっていなかった。お接待してくれた方には「納め札」にぼくの名前や住所を書いて手渡し、手を合わせるのが礼儀なのだと。

「納め札」とは八十八カ所の札所に納める紙のお札のことだが、お接待してくれた人にも「納め札」をお返しすることが礼儀になっている。知らなかった。ぼくは無作法きわまりない、とんだ「おだいっさん」なのでありました。

○高松市屋島寺の近く、琴電かたもと駅の近くで、一台の車がぼくの横に急停車。車の運転席から声がかかる。

「おだいっさんちょっとまって、このお接待受けて」

車から出てきた婦人が、いきなり千円札をぼくの手に握らせる。遠くからぼくのことを追いかけてきたのだ。わけはわからない、とにかくどうしてもいますぐお接待しなくてはならなかったのだとおっしゃる。手を合わせすぐに車に乗り走り去ってしまった。

本編に出てくる人のほかにも印象に残った人たちのことを記しておきたい。

○仙台からの男性、自分の小学生の息子が病院で死に直面している。自分は父親なのに何もしてあげられない。せめてお四国八十八カ所を歩くことで、子供の苦しみを共有できないだろうかと思っているとおっしゃる。悲痛なことばがこころにしみた。

○埼玉県浦和市からの男性で、ぼくと同年代だろうか、ひとり車でへんろをしていた。昨年の暮れに奥さんを亡くされた。奥さんといっしょにへんろをしようと買った車だったのにとうとう果たせなかった。朝、へんろ宿を発つ時に車を見せてもらうと、助手席に額に納められた奥さんの写真が載せてあった。
○へんろに出てすぐのこと、第四番大日寺への道で会った福岡から来ていた三十歳の男性。保育士をしていたが四月いっぱいで保育の仕事を辞めてへんろに来ていた。父親と意見が合わずしょっちゅうもめていた。父のことばに耐え切れず、父の顔を見るのが嫌でだまってここへ来た。自分の進むべき道に迷った若者だった。
○香南市夜須町の宿で出会った女性へんろ、六十七歳のひとり旅。パーキンソン病を患っていて時折全身が痛くなるという。左手が内側に折れ曲がり自由がきかない。前かがみにとぼとぼ歩く。ただでさえつらい歩きへんろ、病を抱えての旅は想像を絶する。えらい人だと思った。
　ところが翌日、その女性は懸命にぼくのあとをついて来る。道連れがいなくては不安なのだろうが、ぼくには他人のことを気づかうゆとりなどない。ついてこられても困るのだ。振り切ろうとして急ぎ足で遠ざかるのだが、次の札所で追いつかれてしまう。ぼくはそれほど思いやりのある人間ではない。困ったことになってしまった。

○立江寺の近く、「鮒の里」というへんろ宿で会った人、小樽から来た男性で、聞けばぼくと同い年だった。昨年暮れに奥さんをガンで亡くされた。夕食の時、話を聞いた。夜中に雪の中を、奥さんを背負い病院まで歩かれた話に、胸がしめつけられ思わずもらい泣きした。

弘法大師が開かれたお四国八十八カ所のへんろみち。総距離一二七〇キロ。昔も今も人の思いがひとつの道に折り重なりしみ込み一二〇〇年以上つづいている。道しるべに従いぼくはただひたすら歩くのみだった。両足に十七個のマメができた。足を引きずり、顔をしかめた。ぼくのことを知る誰かの悪ふざけのようにも思えた。ぼくは八十八カ所を歩き通した。けれどぼくの中に、やり遂げたという思いはほとんどない。

全一六編の内一三編を冊子『大和通信』(海坊主社刊・奈良県大和郡山市)に発表。

三編を新たに加えた。掲載にご尽力いただきました皆さまと、上梓にあたりお世話になった編集工房ノアの涸沢純平さまに心よりお礼申し上げます。

二〇一六年七月一日

あいちあきら

札所巡礼旅程

初日（平成二十一年五月十二日）

第一番　**霊山寺**　徳島県鳴門市大麻町
第二番　**極楽寺**　徳島県鳴門市大麻町
第三番　**金泉寺**　徳島県板野郡板野町大寺
第四番　**大日寺**　徳島県板野郡板野町黒谷
第五番　**地蔵寺**　徳島県板野郡羅漢

二日目

第六番　**安楽寺**　徳島県板野郡上板町引野
第七番　**十楽寺**　徳島県板野郡土成町高尾
第八番　**熊谷寺**　徳島県板野郡土成町土成
第九番　**法輪寺**　徳島県板野郡土成町土成
第十番　**切幡寺**　徳島県阿波郡市場町

三日目

第十一番　**藤井寺**　徳島県麻植郡鴨島町

四日目

第十二番　**焼山寺**　徳島県名西郡神山町

五日目

第十三番　**大日寺**　徳島県徳島市一宮町

六日目

第十四番　**常楽寺**　徳島県徳島市国府町延命
第十五番　**国分寺**　徳島県徳島市国府町矢野
第十六番　**観音寺**　徳島県徳島市国府町
第十七番　**井戸寺**　徳島県徳島市国府町

七日目

第十八番　**恩山寺**　徳島県小松島市田野町
第十九番　**立江寺**　徳島県小松島市立江町

八日目
第二十番　**鶴林寺**　徳島県勝浦郡勝浦町生名
第二十一番　**太龍寺**　徳島県阿南市加茂町龍山
九日目
第二十二番　**平等寺**　徳島県阿南市新野町秋山
十日目
第二十三番　**薬王寺**　徳島県海部郡美波町奥河内
十一日目
番外霊場　**鯖大師本坊**　徳島県海部郡海陽町浅川
十二日目／十三日目／十四日目
番外霊場　**御蔵洞**　高知県室戸市室戸岬町
第二十四番　**最御崎寺**　高知県室戸市室戸岬町
第二十五番　**津照寺**　高知県室戸市室津
第二十六番　**金剛頂寺**　高知県室戸市元崎山
十五日目／十六日目
第二十七番　**神峯山**　高知県安芸郡安田町唐浜
十七日目
第二十八番　**大日寺**　高知県香南市野市町母代寺
第二十九番　**国分寺**　高知県南国市国分
十八日目
第三十番　**善楽寺**　高知県高知市一宮しなね
第三十一番　**竹林寺**　高知県高知市五台山
第三十二番　**禅師峰寺**　高知県南国市十市
十九日目
第三十三番　**雪蹊寺**　高知県高知市長浜
第三十四番　**種間寺**　高知県高知市春野町秋山
第三十五番　**清滝寺**　高知県土佐市高岡町

二十日目

第三十六番　**青龍寺**　高知県土佐市宇佐町

二十一日目／二十二日目

第三十七番　**岩本寺**　高知県高岡郡四万十町茂串

二十三日目／二十四日目

第三十八番　**金剛福寺**　高知県土佐清水市足摺岬

二十五日目／二十六日目／二十七日目

第三十九番　**延光寺**　高知県宿毛市平田町中山

二十八日目／二十九日目

第四十番　**観自在寺**　愛媛県南宇和郡愛南町

三十日目

第四十一番　**龍光寺**　愛媛県宇和島市三間町

三十一日目

第四十二番　**仏木寺**　愛媛県宇和島市三間町

第四十三番　**明石寺**　愛媛県西予市宇和町明石

三十二日目／三十三日目

第四十四番　**大宝寺**　愛媛県上浮穴郡久万町

三十四日目

第四十五番　**岩屋寺**　愛媛県上浮穴郡久万高原町

三十五日目

第四十六番　**浄瑠璃寺**　愛媛県松山市浄瑠璃町

第四十七番　**八坂寺**　愛媛県松山市浄瑠璃町

番外霊場　**文殊院　徳盛寺**　愛媛県松山市恵原町

第四十八番　**西林寺**　愛媛県松山市高井町

第四十九番　**浄土寺**　愛媛県松山市鷹子町

第五十番　**繁多寺**　愛媛県松山市畑寺町

三十六日目
第五十一番　**石手寺**　愛媛県松山市石手
第五十二番　**太山寺**　愛媛県松山市太山寺町
第五十三番　**円明寺**　愛媛県松山市和気町

三十七日目／三十八日目
第五十四番　**延命寺**　愛媛県今治市阿方
第五十五番　**南光坊**　愛媛県今治市別宮町
第五十六番　**泰山寺**　愛媛県今治市小泉
第五十七番　**栄福寺**　愛媛県今治市玉川町八幡
第五十八番　**仙遊寺**　愛媛県越智郡玉川町別所

三十九日目
第五十九番　**国分寺**　愛媛県今治市国分

四十日目
第六十番　**横峰寺**　愛媛県西条市小松町石鎚
第六十一番　**香園寺**　愛媛県西条市小松町南川
第六十二番　**宝寿寺**　愛媛県西条市小松町新屋敷

四十一日目
第六十三番　**吉祥寺**　愛媛県西条市氷見
第六十四番　**前神寺**　愛媛県西条市洲之内

四十二日目
第六十五番　**三角寺**　愛媛県四国中央市金田町

四十三日目
第六十六番　**雲辺寺**　徳島県三好市池田町
第六十七番　**大興寺**　香川県三豊市山本町

四十四日目
第六十八番　**神恵寺**《じんねじ》　香川県観音寺市八幡町
第六十九番　**観音寺**　香川県観音寺市八幡町
第七十番　**本山寺**　香川県三豊市豊中町
第七十一番　**弥谷寺**　香川県三豊市三野町

第七十二番　**曼荼羅寺**　香川県善通寺市吉原町
第七十三番　**出釈迦寺**　香川県善通寺市吉原町
第七十四番　**甲山寺**　香川県善通寺市弘田町

四十五日目
第七十五番　**善通寺**　香川県善通寺市善通寺町
第七十六番　**金倉寺**　香川県善通寺市金蔵寺町
第七十七番　**道隆寺**　香川県仲多度郡多度津町
第七十八番　**郷照寺**　香川県綾歌郡宇多津町

四十六日目
第七十九番　**高照院　天皇寺**　香川県坂出市西庄町
第八十番　**國分寺**　香川県高松市国分寺町
第八十一番　**白峯寺**　香川県坂出市青海町
第八十二番　**根香寺**　香川県高松市中山町

四十七日目
第八十三番　**一宮寺**　香川県高松市一宮町
第八十四番　**屋島寺**　香川県高松市屋島東町

四十八日目
第八十五番　**八栗寺**　香川県高松市牟礼町
第八十六番　**志度寺**　香川県さぬき市志度
第八十七番　**長尾寺**　香川県さぬき市長尾

四十九日目
第八十八番　**大窪寺**　香川県さぬき市多和

お四国へんろの旅程を記しました。経過日の連続しているところは、札所間の距離が長いところと、打ち戻し等によるものです。

あいち　あきら
昭和二十四年十月十一日生
大阪府出身
〒三五〇-一二五七
埼玉県日高市横手一-二七-七
電話〇四二-九八二-三二三四

へんろみち
——お四国遍路だより
二〇一六年八月一日発行
著　者　あいちあきら
発行者　涸沢純平
発行所　株式会社編集工房ノア
〒五三一—〇〇七一
大阪市北区中津三—一七—五
電話〇六（六三七三）三六四一
FAX〇六（六三七三）三六四二
振替〇〇九四〇—七—三〇六四五七
組版　株式会社四国写研
印刷製本　亜細亜印刷株式会社

ISBN978-4-89271-254-8
不良本はお取り替えいたします

表示は本体価格

夜がらすの記　川崎　彰彦

売れない小説家の私は、妻子と別居、学生アパートで文筆と酒の日々を送る。ついには脳内出血で倒れるまでを描く連作短篇集。（帯無僅少）　一八〇〇円

天野さんの傘　山田　稔

生島遼一、伊吹武彦、天野忠、富士正晴、松尾尊兊、師と友、忘れ得ぬ人々、想い出の数々、ひとり残された私が、記憶の底を掘返している。　二〇〇〇円

象の消えた動物園　鶴見　俊輔

同時代批評　私の目標は、平和をめざして、もうろくするということです。もっとひろく、しなやかに、多元に。２００５〜２０１１批評集成。　二五〇〇円

残影の記　三輪　正道

福井、富山、湖国、京都、大阪、神戸、すまじき思いの宮仕えの転地を、文学と酒を友とし過ぎた日々。人と情景が明滅する酔夢行文学第四集。　二〇〇〇円

リレハンメルの灯　宮川芙美子

主人公がつとめる乳児院では、二歳までの子を預かる。その状況は「年々荒んでいる」。そして祖母、母、兄…人々の生と死（小沢信男氏）。　一九〇〇円

ミス・カエルのお正月　宮川芙美子

乳児院を描いた表題作他。エッセーと小説のあわいにある静かな文章。技巧に堕さず、感情を抑えて描く。誠実に心打たれる（山田稔氏評）。　一七四八円